渡辺信一郎
Shinichiro Watanabe

中華の成立

唐代まで

シリーズ　中国の歴史①

岩波新書
1804

いま、中国史をみつめなおすために——シリーズ 中国の歴史のねらい

中国は近くて遠い国である。

かつて筆者たちが物心ついたころ、中国に渡航できなかったし、そこで何が起こっているのかも、よくわからなかった。一衣帯水というほど、近距離にある。それなのに、何もみえないもどかしさがあった。

半世紀たった今は、どうだろう。渡航はほとんど自由、おびただしい人々が行き来している。一衣帯水はほんとうに近い。関係も深まった。善かれ悪しかれ、とても重要な国である。

それでも、現在のわれわれに中国・中国人が見えているであろうか。表面をいくら注視しても、その内実はあいかわらず謎である。近くなったはずの中国は、まだまだ遠い。

その謎に近づく一法は、歴史を繙くにある。人を知るにも、まず履歴書をみるはずだ。目前の中国もやはり同じ、過去の履歴にこそ、その核心にアプローチできる足がかりが隠れている。

もっとも、中国の歴史といえば、これまでいくたりの大家が書いてきた。そこには、共通する一定のパターンがある。いわば時代輪切りの編成で、時系列にそってわかりやすい。

しかし中国は巨大である。ヨーロッパよりも広く人も多い。ヨーロッパは十数カ国、国ごとに別の歴史を書く。つまりは多元多様なので、それに応じた歴史でなくてはならない。

かたや中国はどうか。多国籍でないにせよ、劣らず多元的なはずだが、従前の中国史はそこをとらえきれなかった。「中国」という自明の枠組みを時代ごとにみるだけだったからである。かつての王朝交代史観と大差ないし、特定のイデオロギーと親和しかねない。グローバル化の現代にふさわしい、多様な中国の顔と姿に迫れる中国史の叙述が必要であろう。

そこで本シリーズは多元性をモチーフに、次頁のイメージで五巻構成にした。1巻は東アジアの文明が黎明を迎え、多元性が顕在化する過程を描き、2巻は開発がすすみ、経済文化の中心として台頭する南方の歴史を述べる。3巻は外から絶えず影響を及ぼし、ついに中国と一体となる草原世界を論じる。4巻は海の比重が増し、南北にくわえ海陸の多元化が強まる時代を叙述し、5巻はこれをうけ、そうした多元性から出発して、現代中国につながる歴史をみる。

シリーズを通じて、遠くて多様な中国の履歴書が一望できたなら、望外の喜びである。

執筆者一同

本シリーズの構成

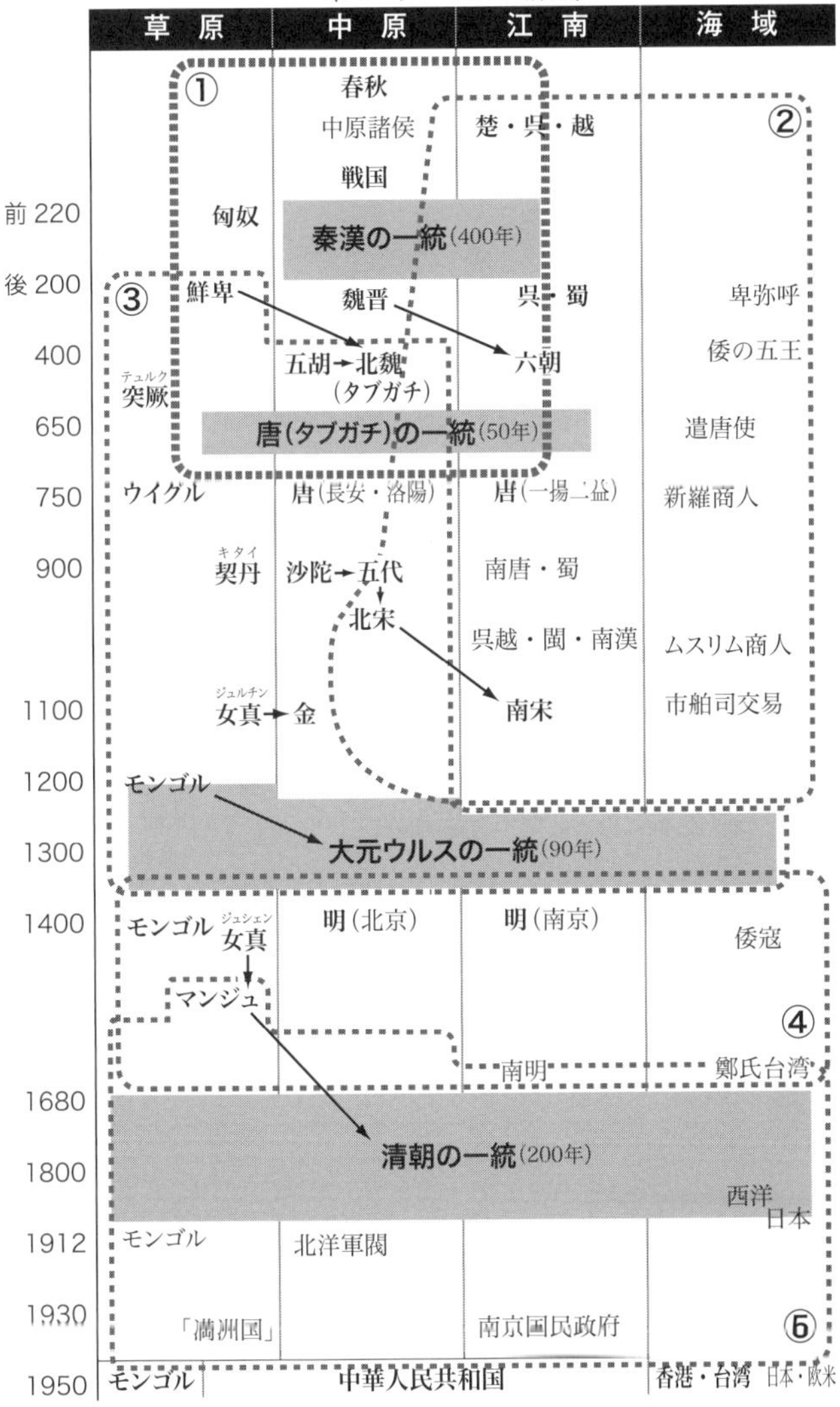
草原
中原
江南
海域
①
②
③
④
⑥
春秋
中原諸侯
楚・呉・越
戦国
前220
匈奴
秦漢の一統(400年)
後200
鮮卑
魏晋
呉・蜀
卑弥呼
400
五胡→北魏(タブガチ)
六朝
倭の五王
突厥《テュルク》
650
唐(タブガチ)の一統(50年)
遣唐使
750
ウイグル
唐(長安・洛陽)
唐(一揚二益)
新羅商人
900
契丹《キタイ》
沙陀→五代
南唐・蜀
北宋
呉越・閩・南漢
ムスリム商人
1100
女真《ジュルチン》→金
南宋
市舶司交易
1200
モンゴル
1300
大元ウルスの一統(90年)
1400
モンゴル
女真《ジュシェン》
明(北京)
明(南京)
倭寇
マンジュ
南明
鄭氏台湾
1680
清朝の一統(200年)
1800
西洋
日本
1912
モンゴル
北洋軍閥
1930
「満洲国」
南京国民政府
1950
モンゴル
中華人民共和国
香港・台湾
日本・欧米

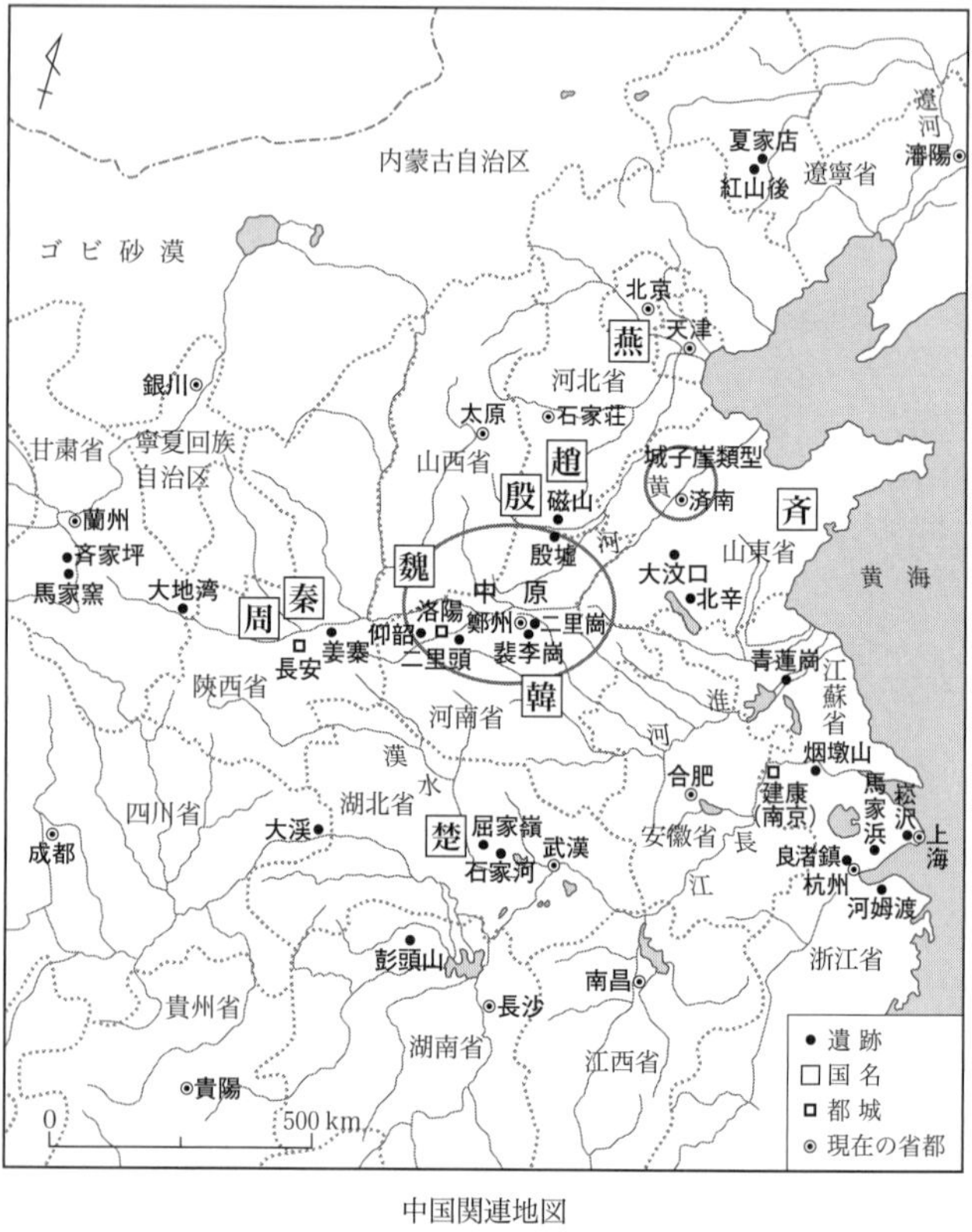
遼河
瀋陽
夏家店
紅山後
遼寧省
内蒙古自治区
ゴビ砂漠
北京
天津
燕
河北省
銀川
太原
石家荘
甘粛省
寧夏回族
自治区
山西省
趙
城子崖類型
黄
済南
殷
磁山
斉
蘭州
河
殷墟
山東省
斉家坪
魏
大汶口
黄海
馬家窯
大地湾
秦
中原
北辛
周
洛陽
鄭州
二里崗
仰韶
長安
姜寨
二里頭
裴李崗
青蓮崗
江蘇省
陝西省
韓
淮
河南省
河
漢水
烟墩山
合肥
建康
(南京)
馬家浜
崧沢
上海
四川省
湖北省
成都
大渓
楚
屈家嶺
武漢
安徽省
長江
石家河
良渚鎮
杭州
河姆渡
彭頭山
浙江省
南昌
貴州省
長沙
湖南省
江西省
貴陽
0
500 km
遺跡
国名
都城
現在の省都

中国関連地図

はじめに

中国史のはじまり

「中国史」の叙述は、いつ、だれがはじめたのであろうか。

「中国史」と題して、はじめてその歴史叙述をこころざしたのは、梁啓超《りょうけいちょう》（一八七三〜一九二九）であろう。一九〇一年（光緒二七）、かれは「中国史叙論」をあらわし、「史の界説（歴史の定義）」、「中国史の範囲（分野）」、「中国史の命名」、「地勢（中国の領域）」、「人種」、「紀年」、「有史以前の時代」、「時代区分」の八つの論点について、中国史のなりたちを検討している（『飲冰室文集』六）。

梁啓超は、そのなかで「中国史の命名」について、こう述べている。


　わたくしが最も恥ずかしく思うのは、わが国には国名がないということである。通常、通称では諸夏《か》、漢人、唐人などと言うが、みな王朝名である。外国人は、震旦、支那などと言うが、みな我われが自ら命名したものではない。……中国、中華と言えば、また自尊・自大で、大方の批判を受けることを免れない。さりとて王朝名を用いてわが国民を侮辱することはできない。外国人の仮の名称を用いてわが国民をないがしろにすることもなおさらできない。三者ともに適切でないなら、やむを得ず、我われが使い慣れていることばを用いて、中国史と称する。やや尊大ではあるが、各民族がその国を尊ぶことは、現今、世界の通則である。……

梁啓超も言うように、この当時、外国である日本では中国の歴史を支那史もしくは東洋史とよび、中国史とは言わなかった。東洋史は、日清戦争がはじまった一八九四年、高等師範学校教授那珂通世《なかみちよ》の提言によって、日本の中等学校教育の教科として新設されたことにはじまる。それは、世界を国史(日本史)、西洋史、東洋史の三領域にわける日本独自の歴史領域区分である。この分けかたは現在でも一般に通用している。東洋史の領域は、アジア全域を含むが、叙述の多くは中国中心で、実質上は支那史であった。中国からの要望を受けて、支那史が一斉に中国史に改められるのは、第二次世界大戦における日本の敗戦以後である。

梁啓超が恥じたように、中国には国名がなかった。国名に相当する漢・唐・明・清などは権力をにぎった一姓・一家の王朝名であり、それを用いることは、国民を尊重する梁啓超の主旨に反した。そこでかれは、王朝をこえる通称として中華と中国とをあげ、最終的に中国を選んだのである。

一九一一年の辛亥革命以後に制定された国名は、中華民国と中華人民共和国のふたつであり、中華は国名の一部となった。かくして中国だけは、今日でも国名ではなく、通称であるにとどまっている。しかし、ながくて三〇〇年程度しか続かなかった王朝や権力の所在をこえて、この地域に暮らした人びとの歴史を叙述するとすれば、梁啓超とともに「中国史」を選択するほかないだろう。

梁啓超によれば、「中国史」の領域は、中国本部、新疆《しんきょう》、青海・西蔵、蒙古、満洲の五大部であり、「中国史」を構成する人種は、数十を数えるが、主要には苗族《びょうぞく》、漢族、チベット族、モンゴル族、匈奴《きょうど》(トルコ系)族、ツングース族の六種族であった。それは、一八世紀後半の乾隆帝期に到達した清朝の最大統治領域とその支配下にある諸種族である。この枠組みは、ほぼ今日の中華人民共和国にまで継承されている。

かれはまた、歴史は「過去の事実を記述するものである」が、事実のみを記載し、権力者の交替・興亡だけを記述する伝統史家と異なり、近代の歴史家は、「必ずその事実関係とその原因・結果とを説明」し、「必ず深く世俗全体の運動・進歩、すなわち国民全体の経験、およびその相互関係を考察」しなければならないと論じている(「史の界説」)。今日から見れば、清朝の統治領域を前提にするという制約をもっているが、「中国史叙論」は、多民族によって構成される中国国民のための歴史学の提唱であった。

梁啓超が「中国史叙論」をものした一九〇一年は、列強による義和団運動の鎮圧の結果、清朝が日本をふくむ一一カ国と辛丑《しんちゅう》和約を締結した年である。この和約によって、清朝は対外・対内ともに主権を大きく制約されるようになり、アジアの中枢に君臨した大国は、国際社会の中で政治的経済的にいっそう急速に周辺化されることになった。

中国・中華ということばは、そのなりたちから言っても、周辺の四方・夷狄《いてき》・外国と不可分の相互関係をもって使用される。中国は、その時どきの国際関係のなかでなりたっている。清朝の支配領域が有史以来自明の中国であったわけではない。梁啓超が「中国史」を意識したのは、単に国民の歴史を叙述するにとどまらず、かれ自身もその渦中にあった清末中国の対内・対外にわたる危機的状況が大きく影響している。「中国史叙論」は、危機に直面する中国の自己認識、アイデンティティの模索であったといえる。

二一世紀の中国

梁啓超の「中国史叙論」発表から、ちょうど一〇〇年後、二〇〇一年一二月、中国は、WTO(世界貿易機関)に加入した。一九七八年以来進めてきた改革開放政策、社会主義市場経済政策を一段高い次元に置くことで、中国は、国際的なルールのもとに本格的な経済開発を推進するようになった。一〇年後の二〇一〇年には、GDP国内総生産で日本を抜いて世界第二位の経済大国になり、現在は日本のGDPの二・五倍を超える経済規模にたっし、アメリカの背中が見える位置にある。

この一〇〇年の間に、資本主義世界体制は、両大戦間をはさんで、イギリスを中枢とする一九世紀資本主義から、アメリカを管制高地とする二〇世紀資本主義へ転換した。この二〇世紀資本主義体制も一九八〇年代以降ゆらぎはじめ、今日では資本主義の終焉を説く論者があり、また二一世紀資本主義世界体制への大転換期であると説く論者もあり、さらに中国をそのあらたな管制高地に擬する論者もある。この間、一〇〇年にわたる複雑で困難な道をくぐりぬけた中国は、九〇年代以後の新自由主義経済、グローバリズムの進展を背景に経済開発を進め、ふたたび国際社会のなかで中枢の位置をうかがいうるようになった。貿易をめぐるアメリカとの確執も本格化している。

四〇年におよぶ中国の高度経済成長は、中国の内外で様ざまな問題をひきおこしている。貧富の社会的格差や地域間格差の問題、新疆ウイグル自治区やチベット自治区における分離独立をふくむ民族問題、五六の民族と一四億人におよぶ公民の国家統合の課題、法による統治と民主主義の課題、PM2.5の大量排出問題が象徴する環境問題、汚職をはじめとする政治腐敗、経済大国化を背景にした海洋進出問題、東シナ海、南シナ海における領土問題など、様ざまな課題への対応をせまられている。

このような諸問題に直面するなかで、正負にかかわらず内外で「中国」が注目されはじめ、

「中国」像がゆらぎ、「中国」とは何かが問われはじめている。中国の学界では中国のアイデンティティを探究する姿勢がめだってきたという。

日本人の中国意識

眼を日本に転ずれば、中国史は、いまや日本の学生には不人気の科目である。中国史が中核をしめてきた東洋史専攻の学生数は、一九八〇年代には、日中友好の風潮を反映して西洋史を凌駕するほどであった。ところが、一九八九年の天安門事件をさかいに、九〇年代後半ごろから、東洋史専攻生はしだいに減少に転じ、日本史や西洋史を専攻する学生に比べて格段に少なくなってしまった。

将来の日本の姿は、現在の青年が置かれた状況をみればわかる。学生・青年たちのあいだの中国史の不人気は、かれらが社会の第一線をになう二〇年、三〇年後の中国史研究の不人気、衰退をそのまま映しだす恐ろしい鏡である。現代世界のなかにあって、青年たちの興味を喚起し、共通に議論できる中国史像を中国史研究者・教員が提供しえていないところに第一の問題があるだろう。

現在の中国史研究は、古典漢語で記された石刻史料や簡牘《かんとく》史料など、新たに発見された出土文字資料を用いるものが大半であり、高度な解読技術を駆使した細密にわたる研究が多い。文献には見られなかった新たな事実を発掘し、これまでの認識を改めることが多くなった。そのこと自体は研究の進展を示すひとつの過程であるから、おおいに歓迎すべきことである。しかし細密の研究は、往往にして個別分散化をまねき、大勢としては梁啓超が排除した王朝断代史に回帰する傾向にある。それは、「中国」とは何かといった、大局を提示する議論とは、はなはだ径庭があることは否めない。

中国史の不人気は、研究者・教員だけが責任を負ってすむものではない。不人気は、日本人の中国に対する不信感の増大とも無関係ではない。二〇一八年の「第一四回日中共同世論調査」(言論NPO、中国国際出版集団)によると、日本人の中国に対する印象について「良くない」と答えたひとが八六・三%(前年は八八・三%)あり、ゆうに八割を超えている。一九八〇年代には、中国に親しみを感じていたひとは七割をこえていたから、日本人の中国観は、この間に大きく転換したのである。この動向を背景にして、感情にうったえて中国批判をあおる嫌中論、嫌中本が横行している。

ただこの調査によると、日中関係を「重要」だと考える両国民は、日中両国で七割存在している(日本が七一・四%、中国が七四・〇%)。「重要」だと考える理由では、日本人の半数以上が「アジアの平和と発展には日中両国の共同の協力が必要だから」を選んでいる。日本人は、日中関係が重要であると認識しながら、中国に対して良くない印象をもっているのである。良くない印象をもつ中国・中国史について、青年をはじめとする日本人が知りたいと思わないのは当然である。しかし、中国が重要であるという認識にはかすかな希望がある。

中国・中国史に対する日本人の、このような知的閉塞状況をのりこえていくことは、容易なことではない。ゆらいでいる「中国」「中国史」像を的確にとらえなおすことは、筆者にとってはかなり難しい課題である。できうることがあるとすれば、感情的な議論に陥りがちな嫌中論とは一線を画し、ひとまずあらたな大局的全体的な議論と認識をみちびきうる素材を提供する以外にないだろう。梁啓超がはじめた「中国史」をあらたな素材をもって叙述し、「中国」「中国史」について、いささかの共通認識をえるてだてを提供することを試みてみたい。

*

本巻の叙述範囲は、先史時代から八世紀半ばの唐代中期まで、ほぼ三千年である。四千年前の華北農耕社会の形成から長安・洛陽を中核地帯とする隋唐帝国の成立と崩壊のはじまりまでを記述する。その主題は、中国はいかにして中国になったかであり、伝統中国の原型とその特性を歴史的にとらえる試みである。

本巻を叙述するにあたり、その方針をふたつ、あらかじめ述べておきたい。

方針のひとつめは、時間的空間的な変化の相のなかで中国をとらえるということである。中国史にかぎらず、やや形式的に分類すれば、人間社会の歴史にはいくつかの変化の層次がある。第一に、政治史のように一〇年・五〇年単位で変わっていく層次がある。中国史を例にとれば、項羽と劉邦がしのぎを削った楚漢戦争、曹操・関羽・諸葛亮などの英雄たちが活躍した『三国志』がある。様ざまな人物がいれかわり登場するので、小説や映画になりやすい層次である。

いっぽう五〇〇年・千年の単位で観察しなければ変化がみえてこない、衣食住やその生産の層次、換言すれば社会の生活圏の層次がある。中国人が今日のように椅子に座って生活し、小麦粉をこねてつくった麺《ミエン》を素材とする料理を食べるようになったのは、早くても八・九世紀以後である。それ以前の人びとは、紀元前の戦国時代の昔から床に敷いた席の上に正座し、アワやキビを主食にして生活していた。千年単位ではおさまらない長期にわたる変化である。椅子と麺が普及した背景には、生活圏全体の壮大な変化があった。

政治過程と生活圏の中間には、一〇〇年単位で変わっていく政治や社会の組織・制度の層次がある。中国は、戦国時代以来、官僚制が発達し、王権や皇帝政治をささえた。それゆえ制度・組織に関する史料が比較的よくのこっている。したがって中国史の叙述は、いきおい制度史になりがちである。制度を動かす人間や制度をささえる世界観の変化を問題にしなければ、静態的で無味乾燥の歴史叙述におちいる。

歴史は、三つの層次の相互作用をつうじて変化する。本巻は、そのうち基礎となる社会の生活圏と政治・社会の組織を中心に叙述をすすめる。したがって政治過程で華ばなしく活躍する英雄たちには、やや冷淡にならざるをえない。しかし三千年の歴史とその変化をとらえるには、このような方法が有効であろう。英雄たちの活躍する政治史の層次は、そのうえで展開する変化の総決算の場である。静かに記述していきたい。

方針のふたつめは、教科書や概説書などに出てきてよく知られた用語を再検討し、なるべく史料にでてくることばを用いて再定義することである。またこれまでに無視ないし軽視されてきたことばや事象に注目することによって、王朝断代史では書ききれない五〇〇年単位、千年単位の歴史を叙述する。

本巻の範囲でいえば、たとえば概説書の常連である春秋・戦国時代の「都市国家」、魏晋南北朝の「豪族」・「貴族」は使用していない。都市国家は、近代中国史研究の草創期に、西洋古典古代のアテネやローマの歴史に学んで用いられたことばである。中国には城郭をもつ聚落《しゅうらく》が存在することは確かである。しかし、その生活圏と社会のしくみは全く異なる。近年の中国考古学の成果は、中国古代都市国家論の再考をうながしている。

貴族・豪族は、史料のなかにいくらかはでてくる。かつて南朝豪族論を卒業論文のテーマにしたいと、学生が相談しに来たことがあった。そこでわたくしは、豪族ということばがでてくる史料をまずは集めてください、とうながした。まもなくその学生は豪族で卒論を書くことをあきらめた。史料が皆無にひとしかったからである。貴族も同様である。

世界史の教科書のなかにも再定義を必要とすることばが多多ある。きりがないので、ひとつだけ例をあげよう。唐代の農民支配のしくみは、どの教科書も均田制・租庸調制・府兵制であると記述してある。均田制は、班固《はんご》の著した『漢書』にはじめてでてくる。しかし唐人の手になる史料には、かえって給田制をあらわす均田の文字はみえない。唐代の兵制が府兵制だけでないことは、唐人が編纂した『大唐六典《だいとうりくてん》』をみれば、歴然としている。均田制・租庸調制・府兵制の記述は、北宋の司馬光や欧陽脩が用いだした表現である。北宋は、唐末五代の藩鎮跋扈《ばっこ》のあとをうけ、また遼《キタイ》や西夏《タングート》との戦争に苦しみ、部分的とはいえ中国の領域につぎつぎと「夷狄」が乗りこんで建国した時代である。すぐれた歴史書を編纂したふたりではあるが、時代の子である。唐代の制度をみる眼にはいくぶんかの偏光がかかっている。唐人がのこした記述のなかから、より正確な制度のありかたを提示する必要がある。

再定義やあらたな発見をまじえて叙述をすすめれば、おのずと本巻の記述は、これまでの中国史概説や教科書とは異なってくるはずである。端的にいえば、本巻は、古代中国の通史の書きかえをめざしている。その成否は、読者の判断にゆだねたい。

目次

第一章　「中原」の形成——夏殷周三代

中国は、いかにして中国になったのか。中国はどのような社会と政治のしくみを創りあげながら、隋唐時代にいたる中国・中華世界の原型を形成したのか。これが本巻の主題である。

中国は、四千年以上の歴史をもっている。しかし梁啓超が対象とした清末中国の領域、それをひきついだ現在の中華人民共和国の領域が、四千年の昔から中国として存在したわけではない。「中国」は、三千年あまり前の西周初期の時代には、首都とその近辺を指すことばであった。中国は、中核的領域と周辺の諸地域、および周辺諸族との相互関係のなかで、いくつかの段階を踏んで今日まで展開してきた。その最初の段階が、のちに「中原」とよばれる中核領域の形成である。一万年前の新石器時代から、叙述をはじめよう。

一　農耕社会の形成——新石器時代

新石器時代の文化編年

中国の新石器時代は、出土土器の形態や組合せによって、つぎのような編年がおこなわれている。

のちに「中原」となる黄河中流域についていえば、表1「新石器・殷周時代の文化編年」にみるように、新石器時代は前期・後期の二期に大きく区分できる。前期は前五〇〇〇年紀から前四〇〇〇年紀半ばにかけての仰韶《ぎょうしょう》文化、後期は前三〇〇〇年紀後半から前二〇〇〇年紀前半にかけての龍山《りゅうざん》文化である。

仰韶文化は、酸化鉄による赤色や黒色で簡単な幾何学模様や動物を描いた彩陶《さいとう》土器を基準器とする。彩陶土器は、河南省の仰韶遺跡のほか陝西省の半坡《はんぱ》遺跡や姜寨《きょうさい》遺跡などからも出土している。龍山文化は、黒陶土器を基準器とする。黒陶は、ロクロを使って成型し、つやのある薄手の黒色土器を焼成する。この文化は、最初に発掘された遺跡である山東省龍山鎮の城子崖《じょうしがい》遺跡にちなんで龍山文化と名づけられた。龍山文化は、黄河中流域のみならず、黄河下流域、長江中下流域にまで及んでいる。

アメリカの文化人類学者である張光直は、前四〇〇〇年紀中ごろから龍山文化期にかけて五つの文化圏が成立し、相互に交通・交流しあいながら、のちに中国を形成していく相互作用圏が形成されたと指摘する。それらは、①山東龍山文化、②黄河中流の中原龍山文化、③黄河上流の斉家文化、④長江下流の良渚《りょうしょ》文化、⑤長江中流域の青龍泉三期文化（石家河文化）の五つの文化圏である。ただし、ここにはまだ五つの文化圏の相互交流があるだけで、中核領域は形成

表1　新石器・殷周時代の文化編年

	華北黄河流域			華中長江流域			遼河
BC	上流域	中流域	下流域	中流域	下流域	上流域	燕山以北
6000–5000	老官台	裴李崗　磁山	後李	彭頭山			興隆窪
5000–4000		仰韶（半坡　姜寨）	北辛		馬家浜		趙宝溝
4000–3000	馬家窯	仰韶	大汶口	大渓	崧沢		紅山
3000–2000	斉家	廟底溝二期 中原龍山（陶寺）	山東龍山（城子崖）	屈家嶺 石家河	良渚	宝墩	小河沿
2000–1500		二里頭	岳石		馬橋		夏家店下層
1500–1000	辛店	二里崗（殷前期）	二里崗（殷前期）			三星堆	
		殷　墟（殷後期）	殷　墟（殷後期）				
1000–	寺窪	西　周	西　周	西　周	湖熟	十二橋	魏営子

されていない。

前一八〇〇年代後期にはいると、黄河中流域の河南龍山文化のなかから、独自の陶器の組合せと青銅器をもつ二里頭《にりとう》文化が生まれた。二里頭期から殷周時代にかけて、中国は青銅器時代にはいっていく。

「中原」の形成をになった人びと

新石器時代の諸文化をになった人びとはどのような顔つきをしていたのだろうか。また今日の中国人の絶対多数をしめる漢族は、いつごろから中国に住みだしたのであろうか。

近年のヒトゲノム解析のめざましい発達は、ヒトのもつ塩基(DNA)分析をつうじて、現生人類の移動のあとをより精緻に描きだしうるようになった。化石や石器・土器などを対象とするこれまでの考古学的研究にくわえて、より複眼的に人類の進化や移動をとらえることができるようになった。

六万年前に「出アフリカ」をはたした現生人類が東アジアに到達したのは四万年前だという。細胞内の器官であるミトコンドリアがもつDNAは、女性をつうじて継承される。現代中国人のミトコンドリアDNAを分析してみると、南部ほどその多様性が大きく、北へ行くほど小さくなる。その結果、中国大陸へむかうヒトの移動経路は、東南アジアから北方へ進んだという見解が主流となった。

　一方、男性をつうじて継承される細胞核内のY染色体の解析では東ヨーロッパ系の遺伝子グループも見つかっており、西からの流入経路もあったという。これも意外な結果であった。中国には、南方から北方への主流経路にくわえ、西方からの人類集団の合流もあったことになる。

図1　殷人の顔（殷墟婦好墓出土石人）

　ヒトゲノムが解読されて間もないころ、山東省臨淄《りんし》の遺跡から出土した約二五〇〇年前の春秋時代、ならびに約二〇〇〇年前の漢代に相当する古人骨、および現地居住の現代漢族のDNA解析の結果が報告された。報告によれば、当然ながら現代漢族は東アジア人類集団に属する。これに対して二五〇〇年前の臨淄の人類集団は、現代ヨーロッパ人類集団と現代トルコ人集団の中間に位置し、ヨーロッパ人類集団により近い存在だった。また二〇〇〇年前の臨淄の人類集団は、現代東アジア人類集団の外側に位置し、ウイグル人・キルギス人など現代中央アジア人類集団にふくまれるという。かくして人類学者の植田信太郎は、二五〇〇年前に、ユーラシア大陸全域にひろがる人類集団、パン・ユーラシアンが存在したことを示唆する。

この研究は、興味深い結果をふくんでいる。臨淄は、前一一世紀半ば、西周のはじめにチベット系の羌《きょう》族に出自する太公望呂尚が治めた斉国の国都である〔図1〕。春秋時代はおろか、漢代の臨淄にも現代の漢族とは異なる人間集団が住んでいて、しかも漢字を用い、古典漢語で文章を綴っていたのである。斉国近隣の魯国で生まれた儒家の祖・孔子は、あたかも二五〇〇年前、斉に滞在したおり、韶《しょう》という古典音楽を聴き、感動のあまり三カ月ものあいだ肉の味をわすれたという。憶測をたくましくすれば、特異な風貌をもっていたといわれる孔子も茶色の眼、もっといえば青い目をもっていた可能性がある。

図2　秦代男子の顔(始皇帝陵園馬厩舎坑出土)

とはいえ、サンプル数が少ない一つの地域の事例で全体を測ることには、いささかの躊躇をおぼえる。始皇帝陵の近隣から出土した兵馬俑《へいばよう》の七千体にもおよぶ秦の兵士たちの顔つきは、我われの容貌と変わりない〔図2〕。明らかに東アジア系人類集団に属する。ただ、さきほどの概括によれば、現代中国人のDNAにも東ヨーロッパ系の流入が認められるから、おおきな傾向としては、紀元前後の秦漢時代を転換点にして、パン・ユーラシアンから漢族の形成へとすすんでいったのであろう。現状では、中国・中原の形成をになった人びとも一概に確定しうるまでにはいたっていない。この方面の研究のさらなる進展を待ちたい。

華北と華中——畑作と稲作

巻頭の中国地図を開いてみよう。中国大陸の北部には、三本の大河川が西から東へとゆっくり流れている。北を流れるのが全長四八四五キロの黄河であり、青海省のヤホラタホツォ山に源を発する。南を流れるのは、全長五八〇〇キロの長江(揚子江)であり、チベット高原東北部のバヤンカラ山脈の南麓に水源をもつ。黄河の中下流域は華北とよばれ、長江中下流域を華中とよぶ。この両大河のほぼ中間を走るのが淮河《わいが》(淮水)である。河南省南部の桐柏山に源を発するこの淮河を境界として、年降水量が一〇〇〇ミリ以上の華中と一〇〇〇ミリ以下の華北とを区別する。年降水量一〇〇〇ミリは水稲栽培の下限である。一般に一〇〇〇ミリ以下の華北はアワ、キビ、コムギを主穀とする畑作地帯、華中は稲作地帯を構成する。

現生人類の歴史は、五万年前に大きく変化しはじめた。石器だけでなく道具類が多様化し、モリ・投げ槍・弓矢など、遠くから獲物をしとめる投擲《とうてき》用具があらわれ、高度な狩猟採集経済にはいったという。四万年前に中国各地に到達した人びとも、現代の各地の民族誌に記述される狩猟民と同様に、一組の夫婦と未婚の子供からなる小家族五、六世帯で構成するバンド Band

社会を編成し、一定のテリトリーのなかで狩猟採集経済を営んでいたと考えられる。

やがてかれらは、一万年前ごろから栽培農耕をはじめた。

考古学者の甲元眞之によれば、中国の稲作栽培は、長江中流域の彭頭山《ほうとうざん》遺跡の事例を最古とする。遺跡から出土した土器の胎土中にふくまれた稲籾《もみ》・稲藁《わら》がその根拠となった。それらは、炭素14の測定値によれば紀元前八〇〇〇年前半から七〇〇〇年に属するという。稲作栽培の事例は、その後ヒプシサーマル(最温暖期)の温暖化・湿潤化にともなう生態条件の変化にともなって北上し、長江・淮河流域をこえて、前五〇〇〇年紀の仰韶文化期には黄河流域にまで進出した。

華北における畑作農耕の確実な事例は、前六〇〇〇年紀における河南省新鄭県の裴李崗《はいりこう》遺跡や河北省西南部の磁山《じざん》遺跡の住居跡貯蔵穴からみつかったアワやキビである。甲元はさらに、河北省南荘頭遺跡の石器の組合せや花粉分析の結果から、彭頭山遺跡の稲作栽培とほぼ同じころ、華北でもアワやキビの栽培が始まった可能性があるという。その後ダイズやムギの栽培が始まり、前三〇〇〇年紀後半から前二〇〇〇年紀前半の龍山文化期には、アワ、キビ、コウリャン、ムギ、イネの五穀がそろい、家畜もイヌ、ブタ、ウシ、ニワトリにヒツジが加わって、ここに中国的な農耕文化が形成された。

仰韶文化期から龍山文化期までの華北畑作農耕の農具は、各地で組合せを異にするが、おおきくいって石製・木製の耕作用具、石製・貝製の収穫用具が中心である。石包丁を用いた収穫は穂刈り段階で、畝《うね》立てや中耕・除草もおこなわれなかったと考えてよい。

アワ・キビなどの畑作物は、基本的に土壌の栄養分を大量に消費する地力収奪作物(H作物とよぶ)であり、施肥《せひ》をおこなわない段階では連作がむずかしい。連作をおこなうには、マメなどの地力維持作物(B作物とよぶ)をあいだにはさんで、H－B－H－Bの連作をおこない、地力の回復をはかる必要がある。このようなH－B連作の農耕方式の萌芽は、中国では漢代以後に属する。

また作物がよく育つ環境では雑草も同様によく育つ。それゆえ耕起・作付から収穫にいたるあいだに、雑草駆除のための中耕除草、肥培管理の体系的な技術が確立している必要がある。しかしこのような農具の確実な存在は報告されていない。この時期の農業は、地力の消耗と雑草駆除の困難から、数年作付したのち耕作地を放棄してはつぎの耕作地へ転換していく切替畑の段階にあったと考えてよい。それは、稲作農法でいえば、焼畑の段階に相当する。この時期の農耕は、のちの精耕細作からはほど遠い粗放農業であった。

中国の考古学者銭耀鵬《せんようほう》は、炭素安定同位体13測定法によって検出された仰韶文化期と龍山文化期の食物構成比を報告している。その結果によると、仰韶文化期の遺跡から出土する食物構成のなかにC４植物(アワ・キビ類)が占める割合は五〇％に近く、仰韶文化期には農業生産が経済生活の重要な基盤になっていた。また、同様に龍山文化期に属する山西省陶寺《とうじ》遺跡の食物構成を測定した結果によれば、C4植物(アワ・キビ類)が七〇%を占めるようになっている。龍山文化期になると、農業生産が経済生活の決定的要因になったのである。

一万年前に始まった華北の畑作農耕は、狩猟採集経済と併存しながら拡大し、前五〇〇〇年紀の仰韶文化期には生業の基盤となった。そうして前三〇〇〇年を前後する龍山文化期には、粗放な段階にあるとはいえ、ゆるぎない農耕社会を形成したのである。

農耕社会の特質は、狩猟採集経済と異なり、食糧の大量蓄積が可能になることである。もっとも早い畑作関連遺跡である磁山遺跡の聚落址《しゅうらくあと》でも、貯蔵穴が八〇基ほど発掘され、アワを中心とする食糧や種子が検出された。これらすべてをアワであると仮定すると、総量は五万キロに及ぶという。

この蓄積は、過去の人間労働の蓄積である。蓄積の集中と消費は、自然災害に対する保険となって社会の安定的な維持に大きな役割をはたすとともに、定住化をうながして聚落を形成する要因となった。しかしその一方で、蓄積をわがものとして消費することにより、過去の人間労働に依拠して労働には従事しない社会層を生みだした。それは、やがて聚落内社会の階層分化と聚落間の階層分化をすすめる動因ともなった。

農耕聚落のかたち

では、その社会はどのようなしくみをもって編成されたのか。まず聚落形態をとりあげて考えてみよう。

一九七〇年代後半期以後の経済開発にともない、中国各地で考古学的発掘がすすみ、諸発見があいついだ。その成果には眼をみはるものがある。新石器時代の発掘も、従前の墓葬研究一辺倒の状況とは異なり、一九八〇年代以降、聚落遺跡の発掘と研究が盛んになってきた。龍山文化期の聚落遺跡が数多く発見・発掘され、河南省・山東省などの中心部だけでなく、長城以北の遼寧省西部や湖北省などでも階層構造をもつ新石器時代の聚落遺跡群が確認されている。それらは、黄河流域(中原)中心の中国文明の起源論に多大な反省をもたらし、文明の多元的起源やその性格について旺盛な議論をよび起こしている。

殷周時代の甲骨文字や青銅器の銘文は、聚落を邑(・)と刻んでいる。邑《ゆう》は、囲いのしたでヒトが横ざまにひざまずいている様子をあらわしている。邑は、環濠・塁壁など、なんらかの囲いで区画された人びとの居住地をあらわしている。邑は城郭をもつ聚落と理解されがちである。しかし邑がすべて城郭をもつとはかぎらない。むしろ城郭のないほうが多い。殷墟の大邑商のように首都でさえ城郭のないものもある。

のちに孔子は、「一〇家族の邑でも必ずわたくしのような律儀者はいる」(『論語』公冶長篇)と述べている。新石器時代から春秋時代にかけて、区画された領域に一〇家族程度が暮らす小聚落から、一辺数百メートル規模の城壁や環濠によって囲われた大規模聚落まで様ざまな規模の聚落があった。邑は囲繞聚落とよぶべきものである。

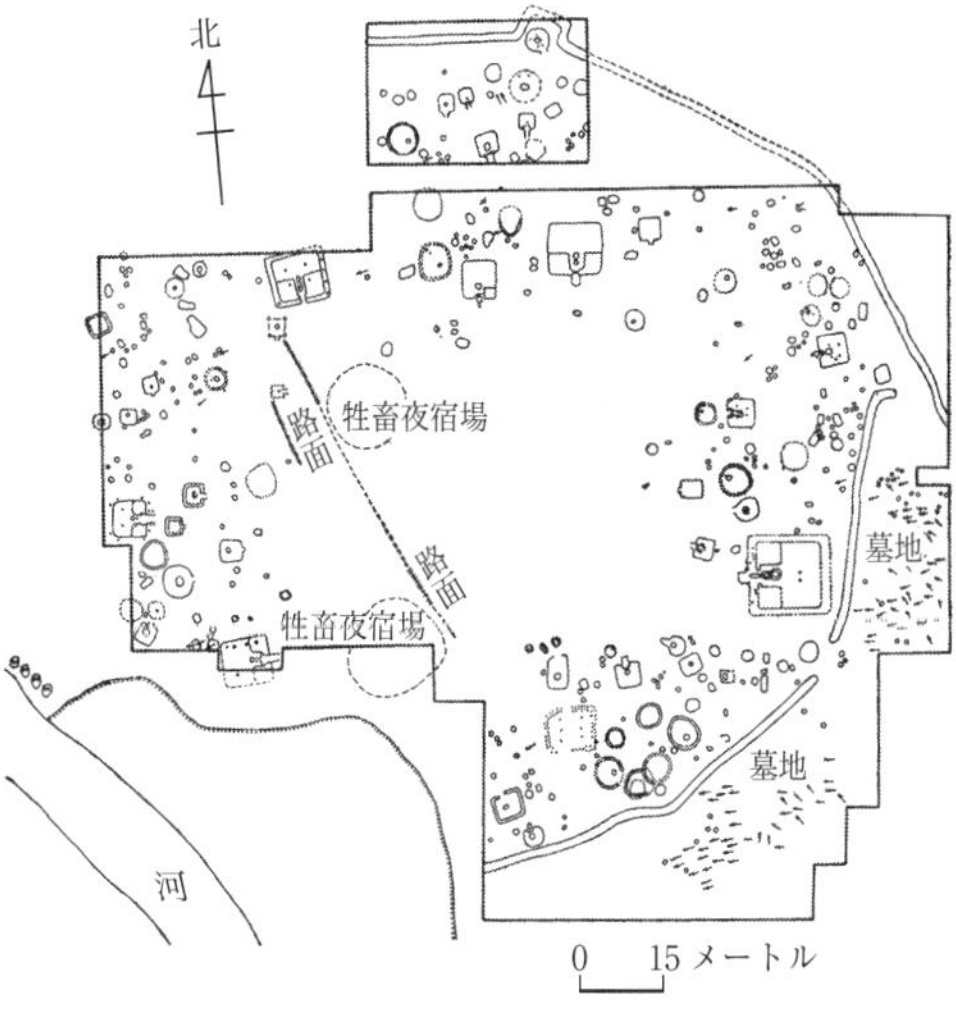

図3　姜寨遺跡図

仰韶文化期の聚落は基本的に単独聚落であった。なかでも陝西省臨潼《りんどう》県に立地する姜寨《きょうさい》の聚落遺跡がよく知られている。姜寨遺跡は、周囲を環濠でかこまれた単独聚落で、そのなかに二〇〇人前後の人びとが暮らしていた〔図3〕。その内部構造については後に述べる。

仰韶文化期をつうじて、このような大小の単独聚落が聚落群を形成し、二層ないし三層の階層構造をつくりはじめる。その末期には、鄭州の西山遺跡のように、大小の聚落遺跡群のなかに周囲を土壁ないし城壁で囲み、その内部に祭壇を設け

図4　城子崖

る中心聚落が出現した。

龍山文化期にはいると、仰韶文化期に分散的にあらわれだした三層程度の階層構造をもつ聚落群が全般的に形成されるようになり、聚落群編成の型式《パターン》となる。典型的な事例である山東龍山文化期の城子崖《じょうしがい》遺跡群の聚落形態を参照しよう〔図4〕。

城子崖聚落群は三層の聚落群からなる。それは、東西四四五メートル、南北五四〇メートル、面積二〇余万平方メートルの城子崖龍山城（推定人口約一万人前後）を中心聚落とする。この中心聚落の周辺には黄桑院聚落遺跡等、面積三〜六万平方メートル程度の中級聚落が七カ所あり（人口合計約一万数千人）、さらに中級聚落の周辺に三十数カ所の小聚落（面積数千〜二万平方メートル、人口合計約一万数千人）が分布している。このような三階層構造の聚落群は、近隣の教場鋪《きょうじょうほ》聚落群（全域約二五キロ×四五キロ）でも確認することができ、城子崖・教場鋪をふくめ、この山東省北部東寄りの地域全体で六つの階層制聚落群が確認できるという。

また河南省の鄭州・洛陽地域でも、階層制聚落群が点在した仰韶文化から、龍山文化期にはいると、城子崖同様の階層制聚落群が各地に拡大する。さらに階層制聚落群間にも中核－周辺構造が生じ、中核区聚落群と周辺区聚落群とからなる聚落群の重層化が一般的となっていった。この時期の中核区の上級聚落のいくつかには、登封王城崗《とうふうおうじょうこう》のような城郭が築かれるようになる。

以上、簡略ながら山東省・河南省中原地区の聚落形態の変遷を見てきた。地域・時期による様相は異なるが、仰韶文化期以降、階層構造をもつ聚落群が出現しはじめ、社会の複雑化と大規模化がはじまる。龍山文化期以後になると、城壁・土塁等に囲まれた囲繞聚落が出現し、この中核聚落を中心に三層制ないし四層制聚落群が編成されるようになる。この聚落群が聚落編成の型式《パターン》となり、龍山文化期の単位基層社会になる。それとともに、これら単位基層社会は、戦争・交易をふくむ相互交流の過程で、さらに中核区聚落群と周辺区の諸聚落群とに区分されるようになる。こうして龍山文化期には聚落群間の重層化が進展し、社会の複雑化と大規模階層化が一層すすんでいく。社会の複雑化と大規模階層化は、鄭州・洛陽地域が中原となる基盤であった。

農耕聚落の社会構造

では聚落内部の社会はどのようになっていたのだろうか。

まず仰韶文化期の典型的聚落である陝西省臨潼県の姜寨遺跡をとりあげよう。姜寨遺跡は、単独の環濠聚落址と環濠外部の共同墓地とをもつ大規模遺跡である〔図3〕。一つの時期に同時に存在した住居についてみると、環濠の内部は、広場を中心として環状に住居址が分布する。住居址は、対置的に配置された大型住居（七〇～一二〇平方メートル）二棟のもとに二群に分かれ、各群には五つの小集団がある。各小集団は、中型住居（二五～四〇平方メートル）一棟と小型住居（一五平方メートル前後）四棟前後によって構成される。

すべての住居跡の入口は中心の広場に向いて開けられ、住居内には炉がある。小型住居には調理用石器と煮炊き用の土器があり、小家族が消費生活をいとなむ場所である。中型住居には炉のほかに動物解体具や狩猟具があって、消費とともに生産の単位でもあった。この中型住居と小型住居四棟前後がひとつの小集団を作っており、このまとまりは消費と生産とを共にする複合世帯を編成していたといえる。このような中型住居と複数の小型住居の組合せによる複合世帯は、姜寨以外の遺跡でも事例があって、この時期の聚落構成上の基本単位であった。この複合世帯は、小家族五、六世帯で編成される狩猟採集経済のバンド社会の系譜をひいている。

姜寨遺跡では、二つの大型住居址を社会統合の要としていた。一〇組の複合世帯が五組ずつ二つの群に分かれており、二つの異なる親族組織によって構成されていたと考えられる。聚落内部の世帯間には、まだ大きな格差はみられない。四つ前後の小家族からなる複合世帯の人数を二〇人とすれば、姜寨遺跡の環濠聚落には二〇〇人前後が住んでいたとみてよいだろう。姜寨をはじめとする仰韶文化期の農耕社会は、バンド社会より、はるかにその規模を拡大している。

龍山文化期に入るとさらに様相が変わる。聚落間に階層構造が現れるようになり、社会内部にも階層が出現する。三層制聚落群の典型である城子崖聚落群は、推定人口約三万人余りであり、龍山文化期の単位社会の規模は、仰韶文化期に比してさらに大きくなった。この社会は、すでにピラミッド型階層構成をもつ確かな階層社会であった。

山西省西南部に位置する龍山文化期の陶寺《とうじ》遺跡は、前期の城郭は東西五六〇メートル、南北一〇〇〇メートル、後期のそれは前期の北壁を利用して東西一八〇〇メートル、南北一五〇〇メートルにおよぶ巨大な城郭聚落であった。一三〇〇余例にのぼる墓葬例をその規模と副葬品の質・量との組合せによって分析した結果、墓葬群は、棺の中に埋葬され、副葬品の数が一〇〇から二〇〇におよぶ大型墓が構成比約一・三%、棺に埋葬され、副葬品が一〇前後の中型墓が約一一%、無棺で副葬品をもたない小型墓が約八七%であった。陶寺遺跡の社会は、巨大な城郭に囲まれたピラミッド型の階層構成をもつ社会であった。城子崖聚落群の中心城郭遺跡も同様の階層社会であったと考えられる。

このようなピラミッド型階層化と人口規模、および聚落群の階層化とを考慮するならば、龍山文化期は、首長制 Chiefdom によって統合された社会であり、中核区聚落群と周辺区諸聚落群との聚落群間のさらなる重層化、および超大型聚落遺跡をともなう二里頭期以後は、高度に発達した首長制社会の段階にあったといってよい。春秋期にいたるまで社会の統合原理が血縁的系譜関係であり、首長制段階にあったことは後に言及する。

二　夏殷周三代

夏――二里頭文化

前漢の司馬遷(前一四五～前八六)があらわした『史記』は、中国最初の王朝を夏后(夏)とよび、帝禹《う》から帝履癸《りき》(桀《けつ》)にいたるまで、血統のつながる一七人の帝の王統譜を書きのこしている。しかし、その時代の文字資料がのこされていないので、王統譜に記された夏の王権が実在したかどうか、確実なことはいえない。

『史記』は、夏王朝の開祖を帝禹とし、その由来を儒家の伝説上の聖人堯《ぎょう》・舜《しゅん》の時代に起こった未曾有の大洪水にもとめる。『史記』・『尚書』禹貢篇の記述によれば、帝禹は、大洪水のあと、疲弊した大地と水流を整備して天下を九つの州に分割し、それぞれの地域が負担すべき租税と貢献物とを確定した。これは、のちの戦国時代に出現したものがたりであり、禹を九州

＝中国の開闢《かいびゃく》神とする神話伝説にもとづいている。春秋時代には、禹の整備した大地を禹蹟《うせき》と称し、戦国時代には禹蹟を天下・中国とよぶようになる。

一九五九年、河南省二里頭で独自の陶器器物群の組合せをもつ遺跡が発見された。二里頭遺跡と同様の陶器器物群の組合せをもつ遺跡は、すでに一〇〇カ所近く発見されており、それらは河南省中西部の鄭州付近や伊水・洛水・潁水《えいすい》・汝水《じょすい》流域一帯、ならびに山西省西南部の汾水《ふんすい》下流域一帯に分布している。地層の重層関係や炭素14測定値によって、それらは河南龍山文化層と二里崗の初期殷文化層との中間に位置し、前一八〇〇年代後期から前一五〇〇年代後期にいたるまでの時代に分布していることがわかった。

この時代は、典型的な遺跡である二里頭遺跡にちなんで、二里頭文化期とよんで四期に時期区分される。これらの遺跡はまた、その地域的特性から河南省西部の二里頭類型と山西省西南部の東下馮《とうかひょう》類型の二類型に区分される。二里頭晩期に属する遺跡からは、小刀・錐などの道具類、鉞・戈などの武器、爵・鈴などの礼器など、多種類の青銅器が発見された。この地域は、中国相互作用圏のなかで最初に金石併用期にはいった。

さらに二里頭遺跡からは、二つの宮殿遺跡が発見された。一号宮殿跡とよばれる遺跡は、東西約一八〇メートル、南北約一〇〇メートル、総面積一万平方メートルの台基をもつ。台基の中心部北方寄りには、さらに東西約三六メートル、南北約二五メートルの宮殿台基があり、そ

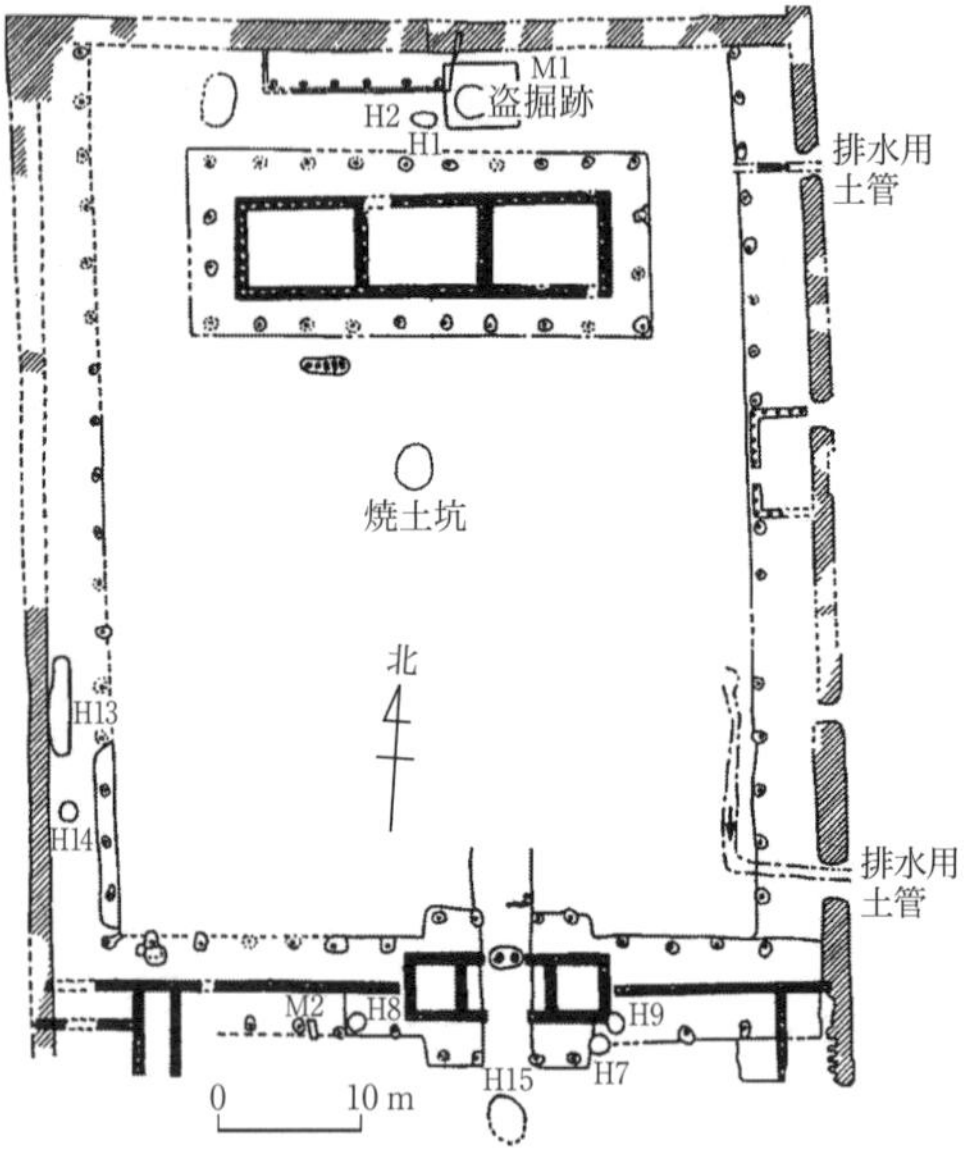

図5　二里頭2号宮殿遺跡

のうえに東西約三〇・四メートル、南北一一・四メートルの宮殿遺跡が出土している。この宮殿の前庭には一〇〇〇人以上の人びとを収容することが可能である。

また一号宮殿遺跡の西南約一五〇メートルの位置から、一号宮殿より小さい東西約五八メートル、南北七二・八メートルの台基をもつ二号宮殿跡が発見された〔図5〕。二号宮殿は、四周を墻壁《しょうへき》で囲まれ、北寄りにあって南面する殿堂の南には約五〇メートル四方の殿庭があり、一〇〇〇人単位の人びとを収容し、祭儀・儀礼を挙行することができる。

二里頭の住居址は、大型の宮殿遺跡を除けば、中型住居と小型住居とに区別できる。中型住居は、おおむね四〇〜五〇平方メートルで大部分は地上建築である。小型住居は、一般に六〜

一〇平方メートル前後で半地下式住居が多い。墓葬も二号宮殿の殿堂と北墻との間に埋葬された首長級の大型墓のほか、中型墓と小型墓の三等級に区別できるという。大型宮殿の存在を除けば、山西龍山文化を代表する陶寺遺跡の三階層構成を継承することは明らかで、ピラミッド型の社会構成の存在をより一層鮮明にするものである。

二里頭期を特徴づける一号・二号宮殿は、ともに二里頭三期に属し、現今最古の宮殿建築群である。ここには初期的な宮廷が存在し、中国最初の政治的な中心ができあがったことを示している。それは、鄭州・洛陽を中心とする地域が中国相互作用圏の中核的地域となったことを意味する。この地域がのちに「中原」とよばれるようになることからいえば、ここに「中原」の原型が成立したといえよう。

二里頭文化を形成した人びとは、みずからを夏あるいは夏人とよんだとみられる。二里頭類型に属する河南省西部は、後世の文献では「有夏之居」(『逸周書』度邑解)とよばれ、また東下馮類型に属する山西省東南部は「夏墟」(『春秋左氏伝』定公四年)とよばれ、前漢武帝期にあっても河南省中・西南部の潁川・南陽一帯は「夏人之居」(『史記』貨殖列伝)とよばれた。二里頭文化は夏王朝と密接な関係をもっている。最近では、中国はもとより、日本の研究者も、二里頭文化とのかかわりから夏王朝の実在を説く人が多くなった。

殷（商）――大規模城郭の出現

司馬遷『史記』は、夏につぐ王朝として殷を記述し、成湯から帝辛《しん》（紂《ちゅう》）にいたる三〇人の王の王統譜を書きのこしている。それは、河南省安陽県小屯《しょうとん》の殷墟とよばれる遺跡から出土した甲骨文字（卜辞《ぼくじ》）にも刻まれており、『史記』の記述とほぼ一致している。殷は、確実に存在した最初の王朝である。

前一六〇〇年頃にはじまる殷王朝は、河南省鄭州の二里崗遺跡を典型とする二里崗文化期の前半期と、前一三〇〇年頃から前一〇四六年頃にいたる殷墟時代の後半期とに区別される。殷の勢力範囲は、北は今日の北京市、西は山西省中部から陝西省東部まで、南は長江中流域北岸にまで拡大した。

殷は、直属軍として𠂤《し》（師）とよぶ軍団を編成し、各地に遠征した。その後の西周初期には、殷の旧族を成周に集めて八師とよぶ八つの軍団を編成している。殷の時代にあっても、これに匹敵する軍団が存在したとみてよい。殷後期の殷墟時代には、はじめて戦車を用いるようになった。殷後期の勢力拡大は、最新の戦車隊を中心とする軍団の活動によってもたらされたのである。

殷代後半期には、中国史上初めて王権の名前が確認できるようになる。それは、殷墟から出土した甲骨文字（卜辞）に刻んだ「王」である。卜辞は、「王」の文字を鉞をかたどったで表

現している。鉞は、刑罰・軍事力を象徴し、殷王朝の王権の性格を表現している。

甲骨文字は、盤庚《ばんこう》から帝辛（紂）にいたる殷王朝後半期の数百年間に実在した一二人の王や貞人（占人）集団が、牛の肩甲骨や亀の甲羅を焼いて生じた亀裂を見て、その占卜の内容や判断を甲骨の上に刻み込んだ文字、文章である。それゆえに卜辞ともいう。卜辞には歴代の王の名前、一年をつうじて周期的に挙行される祖先祭祀の可否、農作物の出来、狩猟・巡行の可否、戦争の可否、天候の良否などを占う文章が刻まれている。

殷は、卜辞の中では終始自らを商と称し、その中心聚落を大邑商・天邑商・中商などと記述している。王朝名である商は中核聚落の土地名であり、殷という名は周が美称としてよんだもので、盛んであること、殷賑を意味する。

殷の中核聚落である大邑商の直接支配地域は、一両日で往復できる半径二〇キロ前後の範囲であり、そのなかにいくつかの中級聚落とその支配下にある多くの下級聚落があり、三階層制聚落群を構成していたことが、卜辞の研究によってわかっている。この聚落形態は、龍山文化期の三階層制聚落群の型式《パターン》と同一である。

ただ殷代の中心区中核聚落群は、前期の偃師《えんし》商城《しょうじょう》（東西一二〇〇メートル、南北一七〇〇メートル）、鄭州商城（周回六九六〇メートル（図6））のように大型城郭をもつようになる。後期の中核聚落である殷墟には城郭はない。しかし洹水《かんすい》の両岸には東西六キロ、南北四キロにわたって遺跡の広がる大型聚落空間が存在した。その中心に南北一一〇〇メートル、東西六五〇メートル、深さ五メートルの濠《ほり》と洹水に囲まれた宗廟宮殿区がある。

　大規模城郭のあるなしにかかわらず、大規模聚落の中心区と周辺領域には、祭祀施設・墳墓・倉庫などとともに、青銅器・骨器などの生産に従事する氏族集団の工房・住居などが広く散在している。また貢納のために集まる各地の首長層・支配者集団のための住居や、のちに殷八師とよばれる軍団の駐屯地もこの地域に存在したであろう。

　では、中心聚落である大邑商は、みずからの三階層制聚落群をこえた、その勢力範囲をどのように認識していたのであろうか。

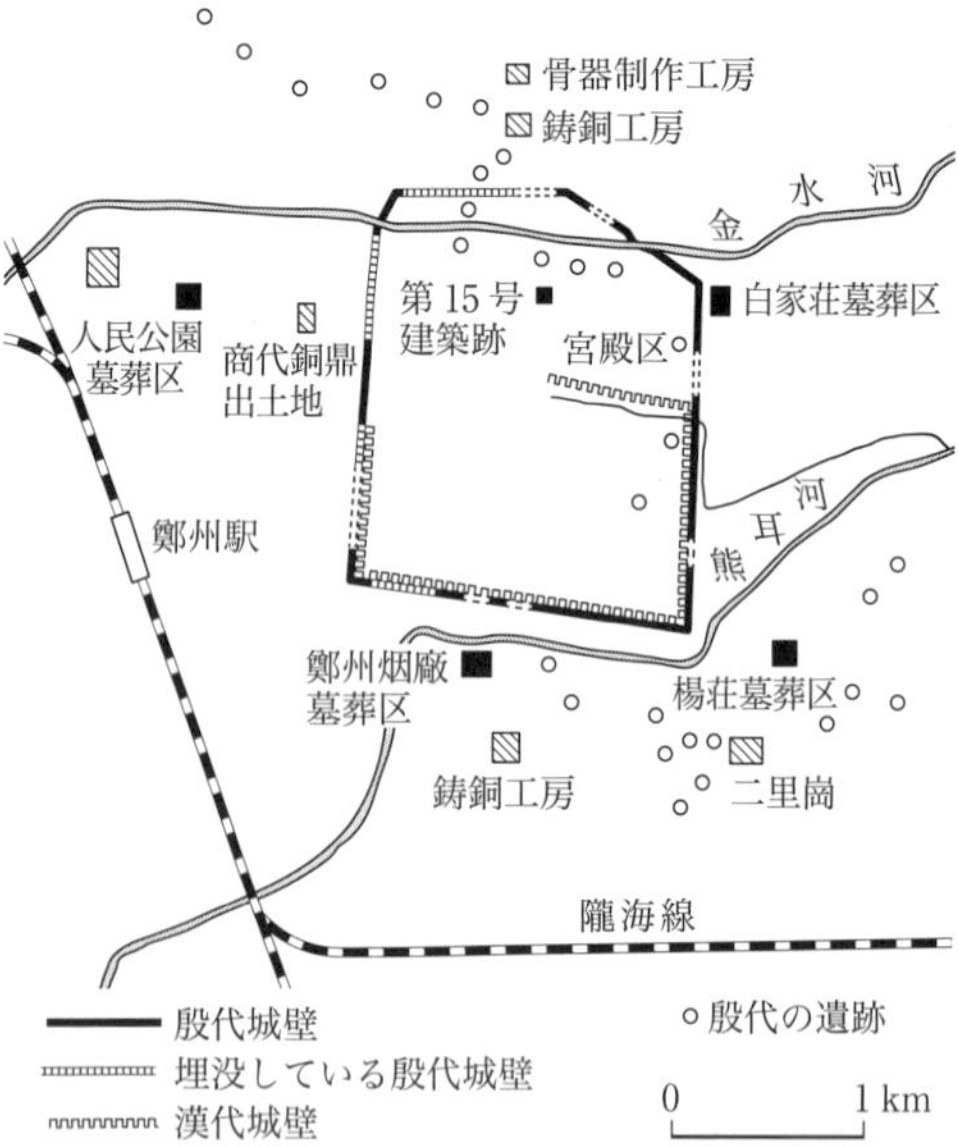

図6　鄭州商城遺跡

中国の考古学者である陳夢家は、卜辞と周代の資料にもとづいて、殷がその勢力範囲をどのように認識し、記述したのかにつき、つぎのように整理している〔図7〕。大邑商の周辺には、奠《てん》とよぶ領域が存在する。奠は、商が直接領有する地域で、後世の文献に見える甸《てん》(畿内)にあたる。王が田猟にでかける先述の半径二〇キロ前後の範囲を指すと考えてよい。

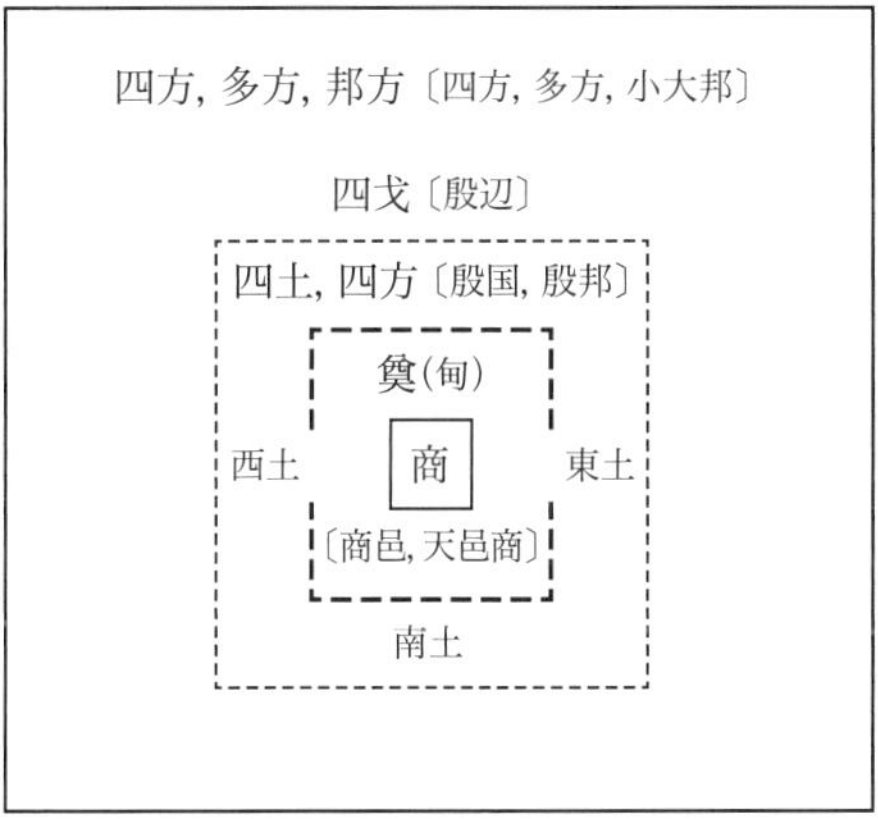

図7　卜辞所見殷代領域区画〔西周期記述〕

奠の外側には四土(四方)が広がる。卜辞には、東土・西土・南土・北土の四土それぞれに「年《みのり》を受けるかどうか」を占卜する事例がおびただしくある。作物のできを問うことは、これらの地域が大邑商と強い利害関係をもっていたことを示している。この領域は、西周期の資料にいう殷国・殷邦・大邦殷にあたり、商邑が支配する領域である。

殷の境界領域は、四戈《しか》とよばれる。これは西周期の資料にいう殷辺にあたるであろう。その外側は、多方・邦方など方《ほう》とよばれる領域が広がる。方は、周方・鬼方・土方・羌方など某方と称され、卜辞には征伐の可否や侵入の有無を問うものが多い。方は、商と対峙する独立の政治勢力である。その集合名詞が多方である。

前一一世紀半ば、多方のひとつであった周方が西方から勢力をのばし、商にかわって「中原」を支配するようになる。

西周

周は当初、渭水上流の陝西省宝鶏県一帯にあった周原を本拠にしていた。やがて前一一〇〇年頃には、文王が西安市西郊の灃水《ほうすい》西岸一帯に本拠を移した。この本拠地は豊京《ほうけい》とよばれた。つぎの武王はその東岸に鎬京《こうけい》を造った。鎬京は宗周《そうしゅう》とよばれた。武王は、ここからさらに東方に進出する。文献上の伝説では、八〇〇の諸侯や諸種族と同盟軍を編成し、紀元前一〇四六年頃、東夷遠征に出むいていた殷朝最後の紂王(帝辛)を背後から討って、殷を滅ぼした。

西周は、同族や同盟諸族を各地に分封し、封建制による政治的統合をめざした。周は、武装封建制による植民活動を展開し、北は北京地方から華北全域、一部湖北省の長江中流域にかけて政治的文化的影響力を行使した。

武王の子成王は、河南省洛陽の地に成周を築き、殷の一部旧民や八師軍団を収容し、東方経営の本拠地とした。一九六三年、陝西省宝鶏県賈村で、何尊《かそん》とよぶ西周初期の青銅器が出土した。その銘文(金文という)には、成王が成周を築いた経緯が述べられており、「武王が大邑商に克ったあと、天に告げて、中或(國)に本拠を置き、ここに人びとを統治する。……と述べた」とある〔図8〕。ここには、はじめて中国と天の観念が確実な表現としてでてくる。中国は、西周初期には成周洛陽一帯を指した。それは、のちに中原と称される地域である。

図8　何尊銘文

　東周期の周の宮廷で歌唱された『詩経』大雅の詩篇の中に、西周末期の厲王《れいおう》の治世を批判したという「民労」篇がある。そのうちに「此の中国を恵み、以て四方を綏《やす》んず」と歌い、またすぐあとに「此の京師を恵み、以て四国を綏んず」と歌いかえているところがある。これによれば、中国は京師すなわち大きな師(軍団)の存在する首都の圏域であり、四方は中国をとりまく南国・東国など四方の諸侯が封建された領域をいう。

　西周金文の記述によれば、西周の王権は、三層からなる政治空間によって認識されていた。その中核は、王都宗周・成周であり、その周辺には軍事組織と山林牧畜経営をかねた王権直轄領の還(県)がいくつか存在する。これは大邑商の奠の領域にあたる。第二の層は、王都をとりまく内域(國)・中域(國)とよばれる内服の領域であり、そこには内服諸侯が封じられて王権を直接させた。その外の第三層は四方・四域(國)とよばれる外服の領域であり、内服諸侯－百生の支族が各地に封じられた。

西周の領域認識は、殷の認識とほとんど変わらない。殷と異なるのは、王家としての家産経営と三有司など初期的官僚制が出現したこと、その統合秩序として冊命《さくめい》(任命)儀式をはじめとする礼制を整備したこと、さらに支配の正当性を担保する根拠として天、天命の観念を創造したことである。

周は、殷を討伐し、王権を掌握する正当性の根拠として天、天命の観念を創造した。何尊や大盂鼎《だいうてい》など、西周初期の金文には、文王が天命を受け、武王が四方を領有したことを述べるものが多い。やがてそれは王の称号のほかに、天子の称号を生みだした。西周初期に属する周公殷や大克鼎の銘文には周王を天子とよび、『尚書』立政篇冒頭には、周公旦が成王にむかって「嗣天子王」と称している。春秋期にはいると、『春秋』の経文や『春秋左氏伝』(隠公元年、前七二二)には、王や天子のほかに、ときに周王を天王とよぶようになる。「嗣天子王」と関連する呼称であろう。

周王は、殷以来の王号に加えて、天命をうけた王権として天子を称し、中国(中原)にいて四方・四国に政治的統制力をおよぼし、封建制の頂点に君臨したのである。しかしまだ全国土に対する領域観念はなかった。周の王朝名は、出自する土地の名に由来するものであった。

三　殷周時代の政治統合——貢献制から封建制へ

社会の規模が拡大し、その階層化が顕著になりはじめた龍山文化期から周代にかけて、社会はどのようなしくみによって統合維持されたのであろうか。

龍山文化期から殷代にかけての社会統合の制度は、のちに貢献とよばれる貢納制であった。殷末から西周期にかけて、貢献制はさらに進化し複雑化して封建制に展開した。まず単純な政治統合形態である貢献制から紹介しよう。

貢献制

貢献制は、首長・王権などの政治的中心にむかって従属下や影響下にある各地域聚落・族集団から礼器・武器・財貨・穀物・人物等を貢納し、首長や王権が主宰する祭祀や儀礼を助成するなどして、ゆるやかな従属を表明する行為である。これに対して首長や王権は、祭祀や儀礼執行にさいし、政治的中心に蓄えられた貢納物を参加した地域聚落や族集団の代表に気前よく再分配することをつうじて政治的秩序をうちたてる。この貢納‐再分配関係によって、首長・王権はゆるやかな政治的統合を実現した〈図9〉。いくつか事例をあげよう。

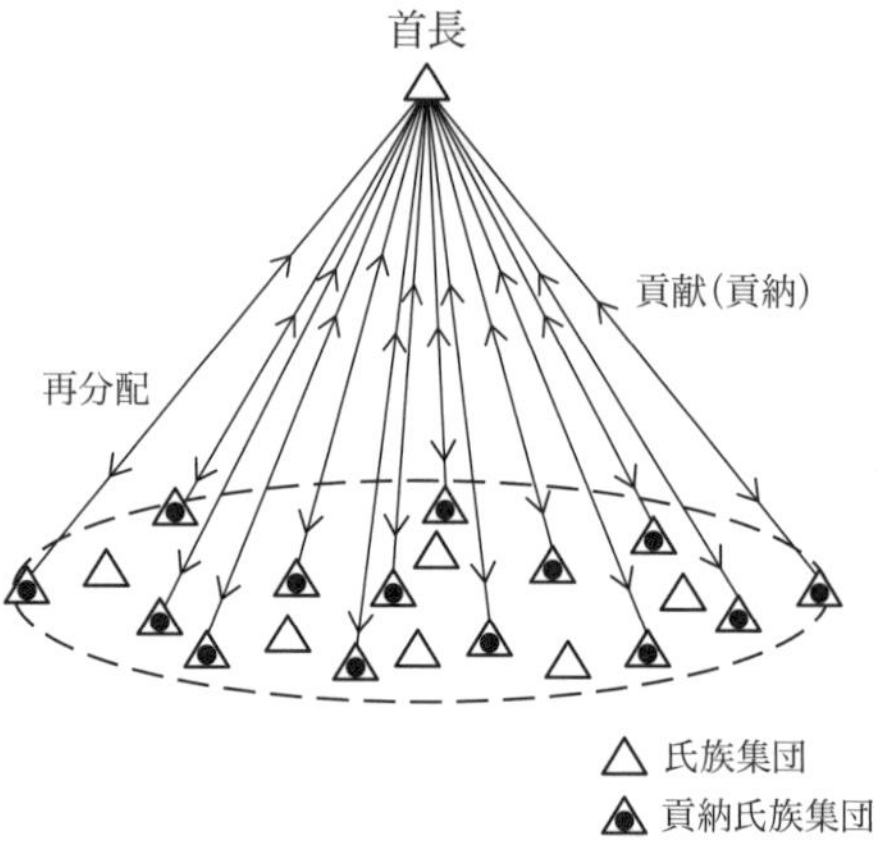

図9　貢献制

考古学者の林巳奈夫は、二里頭遺跡から出土する軟玉製品を分析し、この時代の貢納‐再分配の存在を明らかにしている。軟玉は、光沢が美しく、希少なため半宝石とされる。また軟玉は鋼鉄より少し硬く、割れにくい性質をもった鉱物であり、装身具や刃物などの道具に用いられる。軟玉製品は、二里頭文化の最も優れた生産物であり、石包丁型の軟玉器、斧、戈などの道具類がある。林は、これら軟玉製品を二種類に区分し、つぎのように分析している。

第一類の軟玉製品は龍山文化の伝統にさかのぼるが、形や様式がばらばらである。第二類の軟玉製品は二里頭文化にはじまるもので、形式に統一性がある。第二類は二里頭文化の所産であるから、様式にはおのずから統一性があって、問題はない。様ざまな様式をもつ第一類の軟玉製品は、宮殿の近辺や首都の中心にある墓から発見され、二里頭王権の有力者の所有物になっていた。それら第一類の軟玉製品は、征戦による捕獲品や支配権承認の見返りとして献上された各地の産品である。そのために型式、装飾が不統一になった。捕獲・献上された軟玉製品は、王権から有力者に再分配されたため、様式の不統一な玉器が墓の中から出土するのである。軟玉製品の献上と再分配は、貢納－再分配による政治秩序の存在を示している。

最も著名な貢納－再分配の物品は南海に産するタカラガイである。タカラガイの中原地域への流入は龍山文化期にはじまり、二里頭文化から増加し、殷後期には激増する。殷墟の大墓に多数のタカラガイが集中し、中小墓には数が少ないことから、王権が独占したと考えられている。西周期の青銅器には、十朋・廿朋など朋を単位として、王権がタカラガイを下賜、再分配したことを記す銘文が数多くのこっている。

殷周時代の王権には、従属する多数の族集団から多種の犠牲動物や祭器、穀物・塩などが奉献され、集められた貢納物の一部は王室の祭祀儀礼の挙行に用いられるとともに、一部は王室の家臣や諸侯に再分配された。

これらの事例は、貢納－再分配が、聚落構造の階層性が明確になった龍山文化期にはじまり、より複雑化しながら、二里頭期から殷周期にかけて、展開したことをものがたる。西周期には、王権のもとに貢献制はより組織的に編成されるようになり、成周・中域（國）に四方・四国からの貢納物が集められ、蓄積されるようになる。裏を返せば、貢納の集中が中域（國）としての「中原」を形成したのである。

封建とは

殷末から西周期にかけて、貢献制は封建制に進化する。封建ということばは、西周の当初から存在したわけではない。封建の熟語は、『春秋左氏伝』から眼につきはじめる。封建は、むしろその実態が変容し形骸化した戦国期から漢代にかけてできあがったことばである。当初は、単に封や建によって表現することが多かった。このことに留意しながら、以下封建のことばを用いる。では、封建とは何か。

『春秋左氏伝』定公四年(前五〇六)の記述は、周初の魯国(山東省曲阜県)封建をつぎのように伝える。

……魯公に大路(車)・大旂《き》(旗)、夏后氏の璜《こう》(玉)、封父の繁弱《はんじゃく》(弓)、および条氏・徐氏・蕭氏・索氏・長勺氏・尾勺氏の殷民六族を分けあたえ、その宗氏を統率し、その分族をとりまとめ、その類醜を率い、周公を手本として、周の命令を実行させ、魯に対する職事をはたさせて、周公の明徳を明らかにした。……

魯国は、武王の弟である周公旦の子伯禽《はくきん》が封じられた国である。封建するにあたり、周王は、魯公に対し、その身分をあらわす伝来の礼器・武器とともに、領土と殷民六族を再分配した。殷民六族は、宗氏－分族－類醜からなる氏族制を編成し、ピラミッド型の構成になっている。

始祖から血統による系譜関係がたどれる宗氏と、宗氏との系譜関係が明瞭な分族とが氏族上層を構成し、この氏族上層が系譜関係のあやふやな族成員である類醜を率いる形態をとっている。

『春秋左氏伝』は、さらに武王の弟康叔を衛国(河南省淇県東北)に封じるときには、領土・礼器とともに殷民七族(陶氏・施氏・繁氏・錡《き》氏・樊《はん》氏・饑《き》氏・終葵《しゅうき》氏)を再分配し、武王の子唐叔を晋国(山西省翼城県)に封じるさいには、懐姓に属する九宗の血縁諸集団と封土・礼器を再分配し、それぞれあてがわれた領域を統治するよう命じる文言をのこしている。

魯・衛・晋に分配された殷の諸氏族や懐姓の九宗は、職事をつうじて各国の邦君と君臣関係をむすび、ゆるやかな政治的統合関係を形成した。職事の中核は、貢献物の貢納と戦役負担であった。

図10　宜侯夨𣪘銘文

周初の諸侯封建の実態を伝える同時代資料に宜《ぎ》侯夨《こうそく》𣪘《き》銘文(一九五四年、江蘇省丹徒県煙墩山出土(図10))がある。これによれば、周王は、淮水下流域の宜という土地に宜侯夨を封じ、礼器・武器などとともに三五の邑(聚落)をふくむ土地、ならびに軍事組織である鄭の七伯と配下の鬲《れき》一〇五〇夫、および宜の庶人六〇〇余夫、ならびに王人一七生を再分配している。宜の国都と分配された三五の邑は、おそらく城子崖や大邑商が直接統合する階層制聚落群と同様の聚落群型式《パターン》をとっていたであろう。この封建のあり方は、『春秋左氏伝』の記事とほぼ同一であり、『春秋左氏伝』の魯・衛・晋封建がかなり正確な伝承にもとづくことを示している。

諸侯と百生

宜侯に再分配された鄭の七伯と王人一七生とは、個人で数えられる鬲一〇五〇夫や宜の庶人六〇〇余夫とは異なり、集団をあらわしている。王人一七生は、軍事集団である七つの鄭伯―鬲夫集団とともに、周王権にかかわる一七の族人組織であろう。一七の生の集合名詞は百生である。百生について考えてみよう。

宜侯に分配された王人一七生からなる集団は、他の西周金文にもみえる。たとえば、西周後期に属する善鼎の銘文は、作器者善が、周王からその祖先と同様に、ⅹ侯《へい》を助けて軍事勤務をおこなうよう命じられたことを記している。善は、王の命令を受けてこの礼器を作成し、「我が宗子と百生とを格《きた》らしめ」、善の宗室の幸福を祈念している。善は、ⅹ侯とともに王権に対して軍事勤務する軍人であるが、かれの背景には宗子と百生との二層からなる宗室すなわち血縁組織が確かに存在する。百生は生の総称である。ⅹ侯は、先述の魯公伯禽にあたり、善の宗子―百生は、魯国に分賜された殷民六族の宗氏―分族、宜侯に与えられた王人一七生に相当するであろう〔図11〕。

いまひとつ諸侯と百生との関係を示す西周後期の金文に兮甲盤《けいこうばん》がある。兮甲盤は、周王にしたがって玁狁《けんいん》を征討した兮甲が、さらに王から、成周に集められた四方、ならびに南淮地域の夷人の積（貢納物）を管理するよう命じられたことを記している。その中で王は、「淮夷はもと我が周の従属下にあり、その織物・穀物・人物の貢進を拒むことがないよう」、また「諸侯・百生が淮夷の特産物を侵犯することがないよう」戒めている。

ここにあらわれる諸侯・百生は、各諸侯とその配下の百生とを表現している。周王権からみて、百生は、諸侯とその配下にある政治主体であるととらえられていたことがわかる。兮甲盤はまた、周王と諸侯－百生との封建関係のほかに、単純な貢納関係によって王権にゆるやかに従属する淮水流域の夷人諸集団の存在を描きだしている。

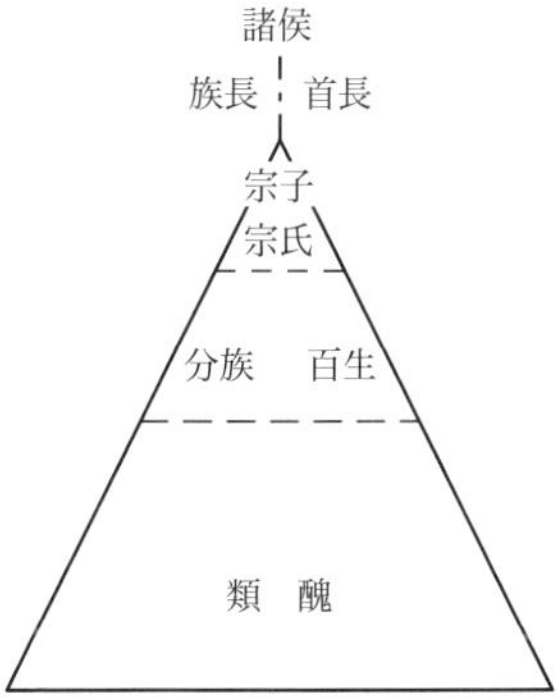

図11　西周氏族制

善鼎・宜侯夨毀・兮甲盤などの諸侯－百生関係をあらわす金文に明らかなように、殷末・西周期は、宗－生からなる父系親族集団を基本構成とする社会であった。諸侯の邦国内では、百生は、諸侯との間に身分序列をともなう貢納－再分配関係をつうじてゆるやかな従属関係をふくむ支配者集団を編成し、類醜とよばれる族人層を統合していたのである。宜・魯・衛・晋の国都に集合する諸侯－百生の支配者集団は、春秋期にはいると国人とよばれるようになる。

西周の封建制

西周の封建制は、単純な貢献制である穀物・人物・財貨等の貢納－再分配から進んでより複合化し、最初の封建時に身分序列をあらわす礼器や封土および族集団を再分配することにより、職業(貢献物・征戦等)の貢納をわりあてて、中心となる王権のもとに複数の下位首長である諸侯、宗氏－分族、宗子－百生を階層制的序列に組みこんで統合する政治秩序である〔図12〕。

このばあい王権と諸侯－百生との関係は、貢納－再分配をつうじた上位首長と下位首長との間の二者間君臣関係である。王権はせいぜい諸侯－百生からなる支配者集団におよぶにすぎず、下層族集団の内部にまで貫徹してはいない。また周王権の文化的政治的影響力がおよぶすべての地域の首長や族集団が王権に対して貢納関係・封建関係を結んでいたわけではない。戎《じゅう》や夷とよばれる諸種族が中原地域や淮域をはじめその周縁に散在した。かれらは、貢納によって従属関係にはいるばあいもあるが、往往にして離反した。西周王権はなお、統一的な領土国家として政治支配を実現するにいたっていない。それは、前国家段階における首長制的社会統合をより複合的広域的に実現したものであった。

　この西周封建制には、二つの類型があった。ひとつは、周王権との系譜関係をもつ首長や同盟関係にある異種族の首長を武装植民の形で各地に派遣し、身分序列を表示する礼器とともに王人百生などの諸親族集団を再分配し、その地の諸集団と領域とを支配させる類型である。もうひとつは、殷の遺民を封じた宋国のように、旧来の族集団を基本的に維持したままで、諸侯に封じて建国させる類型である。この二類型の封建によって、周王権は、その支配領域を再編し、政治的影響力を四方に拡大していった。もとより西周封建制の特質は武装植民地型の封建制のほうにあったといってよい。

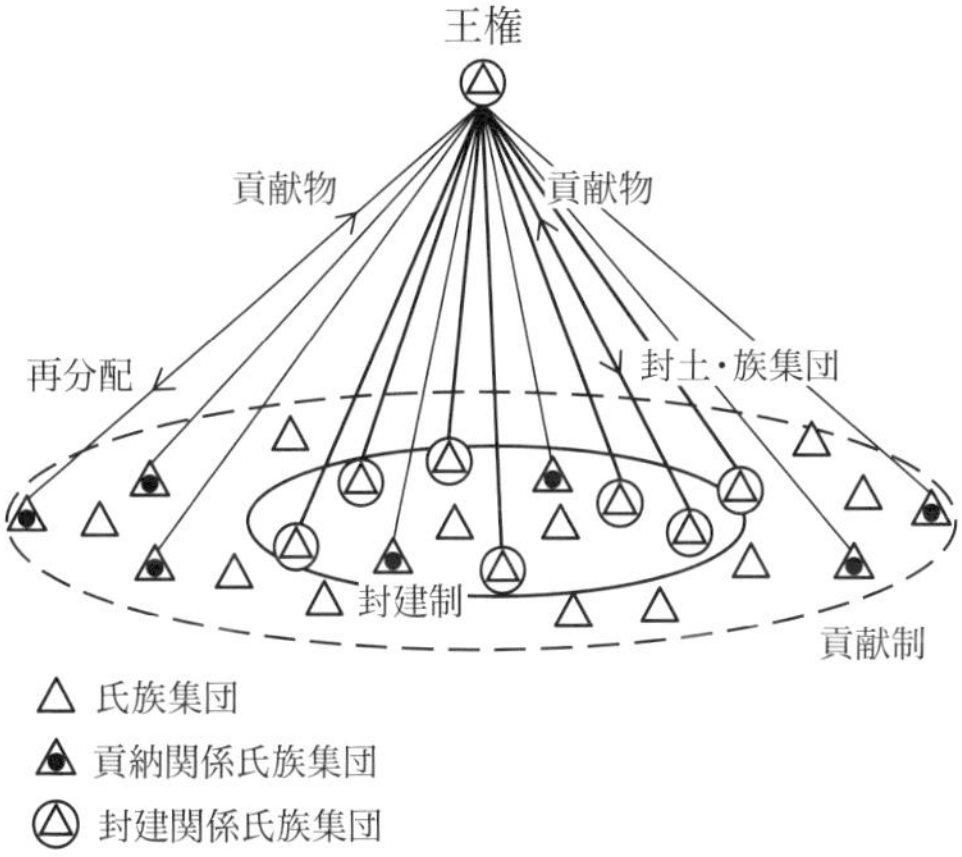

図 12　封建制図

　殷は、主として直属軍団の遠征による領域拡大の方式をとった。遠征には兵站《へいたん》をはじめとする後方支援が不可欠である。しかし殷・周のような貢納−再分配を基礎とする首長制的社会統合の段階では、兵站活動や後方支援をささえるだけの財政が未確立であった。組織的な兵站活動が確立していなければ遠征による領域拡大は不安定になる。殷前期の二里崗時代、湖北省の長江北岸に位置する盤龍城遺跡(武漢市黄陂区)が代表するように、殷の支配領域は四方にむかって急激に拡大したが、やがて二里崗文化の衰退とともに潮が引くように収縮していった。盤龍城も殷後期には放棄された。

周は、成周に殷八師、宗周に西六師の直属軍団を編成しており、直属軍団の遠征による領域拡大もおこなった。それにくわえて、宗周の周辺にあって支配者集団を構成した内服諸侯ー百生の支族を各地に分封する武装植民方式をとって領域を拡大していった。後方支援を必要としない封建制の方がより安定した領域支配を可能にする。周の支配が殷よりも安定していたのは、支配体制の高度化、すなわちより複合化した社会統合を可能にした封建制とりわけ武装植民地型封建制による。しかしそれは、春秋時代にかけて諸侯が自立化し、やがて王権を否定していく基盤ともなった。

第二章　中国の形成——春秋・戦国

一　春秋・戦国の「英雄時代」

前七七〇年、内部対立と周辺諸族の侵入により、周王は、宗周を放棄して成周に遷った。これ以後、前二二一年の始皇帝による全国統一までの約五五〇年間を東周とよぶ。

東周期は、さらに二つに分けられる。前期は、通説では西周東遷の前七七〇年から、大国であった晋国が韓・魏・趙三国に分裂する前四五三年までをいう。魯国の一二代の国君の年代記である『春秋』が記述する時代に相当するので、これを春秋時代とよぶ。それ以後、前二二一年までを、主要一二カ国の政治過程や遊説家の言動を記した『戦国策』にちなんで、戦国時代とよんで区別する。

この諸王権分立期は、諸王権の生きのこりをかけた熾烈な武力競合の時代であった。諸王権の武力競合は、封建制・首長制的社会統合の網の目のなかから、郡県制による政治統合を生みだし、さらにその領域観念である天下と中国とを生みだしていった。それは、中国における「英雄時代」、すなわち国家形成の時代であった。

春秋時代——天下＝中国の萌芽

春秋時代には、周王に対する諸侯の自立性が高まるとともに周王の権威が衰退し、封建制が動揺した。春秋時代にはいると、各国間の戦争が常態化するようになる。戦争による競合のなかで、諸侯は天子に対する貢献を経常的におこなわなくなり、封建制の基盤である貢納制が不安定になった。斉国の桓公(在位前六八五～前六四三)・晋国の文公(在位前六三六～前六二八)など、覇者とよばれる国君がつぎつぎに現れ、諸侯を一堂に集めて会盟をおこない、王権に対する貢献制を再構築して封建制の維持をはかった。

会盟は、多くのばあい宗廟において挙行され、神明である先王に戦争の停止を誓うとともに、周王を奉戴して貢献制を基盤とする封建的秩序を再構築する儀礼である。一九六五年に山西省侯馬市で出土した「侯馬盟書」とよぶ玉片文書が伝えるように、会盟は、諸侯間だけでなく、趙氏一族を中心とする晋国内部の諸首長間の紛争の調停にさいしても挙行された。覇者や諸氏族の宗主たちは、会盟の主宰者となることによって、貢献制を基盤とする封建制的秩序をかろうじて維持したのである。

いっぽう中原の周辺ではあらたな動きがはじまる。長江中流域を本拠とする楚は、春秋初期に武王(在位前七四〇～前六九〇)が王号を称し、春秋後期には、長江下流や江南に越国や呉国が勢力をのばし、また王を称した。春秋時代には、華北中原の王権が不安定化すると同時に、長江中下流域に王号を称する複数の王権が存在するようになった。諸侯間の競合からさらに進んで諸王間の競合へと展開しだしたのである。

西方周辺では、西周が東遷したあと、諸種族を統合した秦が西周の故地に国を造り、周王から建国を承認された。一九七八年に陝西省宝鶏県太公廟村で発掘された秦公鐘・秦公鎛《はく》の銘文は、秦の祖先が天命を受けてこの国を造り、昭文公・静公・憲公が皇天に応えて蛮方・異種族を制圧したことを述べ、この礼楽器を造った経緯を記して、秦公が末永く秦国と四方を領有できるよう祈念している。また民国初年に出土した秦公𣪘の銘文は、「祖先が天命を受けて禹蹟《うせき》に国を造り、四方を領有した」と述べている。秦公鐘・秦公𣪘は、前六世紀後半の作器とされる。春秋時代には、周王だけでなく、諸侯のなかにも、天命を受けたことを理由に、国を造り、四方の異種族を支配することの正当性を説明するものが現れたのである。

秦公𣪘の銘文にみえる禹蹟は、戦国時代に入って夏王朝の始祖とみなされるようになった禹の治水、国土創造伝説にかかわることばである。禹蹟は、大洪水の後、禹が治水事業をおこない、国土を九つの州域に分けて整備した、その統合領域を言う。前五八〇年頃の作器である叔夷鎛の銘文には、そのはるかな祖先である殷の成唐(初代湯王)の功績を述べて「ことごとく九州を領有し、禹の開ける土地を住処《すみか》とした」と記している。前六世紀前半期までには、天命を受けた国造り、および禹蹟と九州の国土にかかわる観念がすでに形成されていたのである。

殷周期の金文には「天下」を明記するものは、まだ発見されていない。しかし、文献に眼を転ずれば、孔子(孔丘、前五五一〜前四七九)の言行を記した『論語』には、天下が頻出する。禹蹟=九州の国土観念が明瞭になった春秋末期の前六世紀から前五世紀交替期には天下の領域観念が出現していたとみてよい。

戦国時代——天下と中国の形成

戦国時代にはいると戦争状態は激化の一途をたどった。春秋時代の戦争は戦車戦を中心とし、大規模な戦争でもせいぜい数万人規模であった。戦国期にはいると、歩兵戦が中心となり、ついで騎馬戦が導入され、一度の戦争に数十万の兵士が動員されるようになった。前二六〇年に秦国と趙国とが命運をかけて戦った長平の戦役では、降伏した趙の兵卒四〇万人が一挙に穴埋めにされ、総勢四五万人が殺された。秦国の兵士もその半ばを失ったという。

戦国中期、前四世紀半ばに入ると、諸侯国が淘汰されていくなかで、魏の国君が一時期夏王を称し、斉の国君も王号を称しはじめた。前三三四年、徐州の会盟において斉国と魏国とが互いの王号を承認しあったのち、華北の諸侯もつぎつぎに王号を称し、韓・魏・趙・秦・楚・斉・燕の七国を中心に、諸王が並立する状態となった。周の王権は、諸王の中のひとつとなり、まったく振るわなくなった。

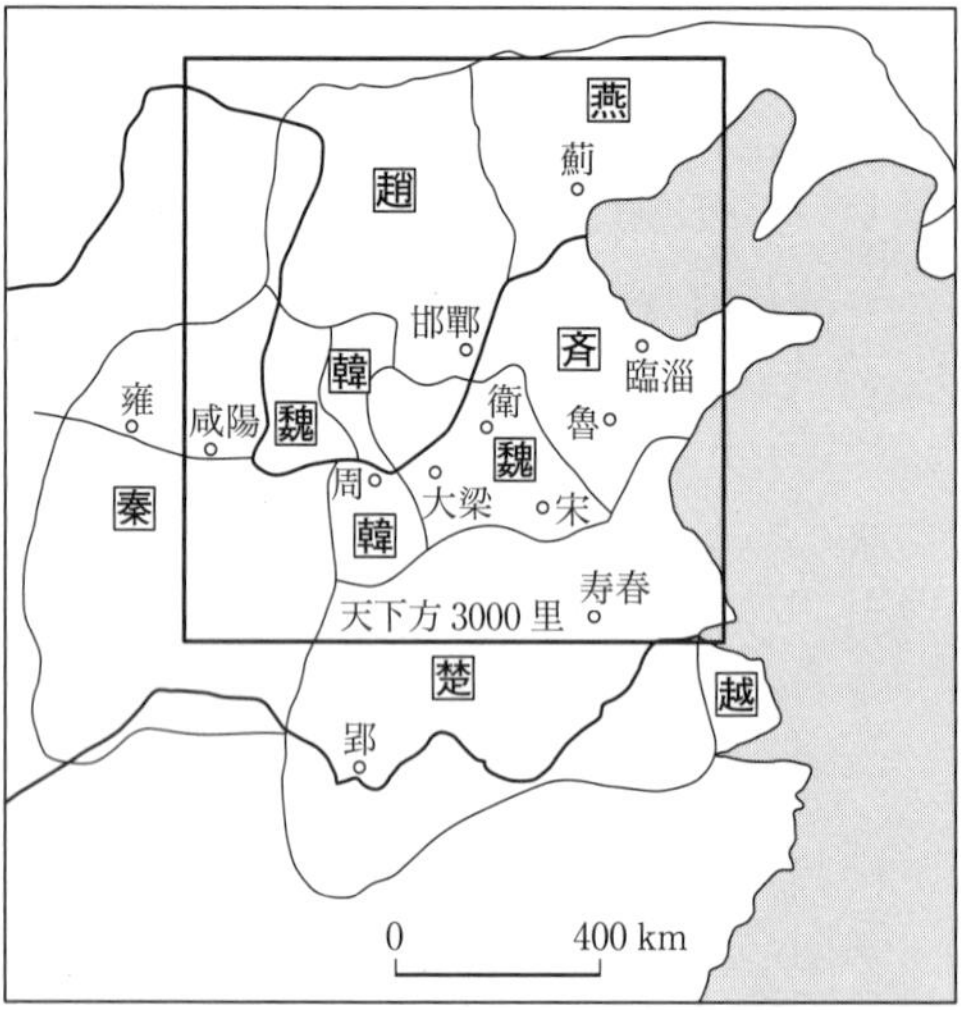

図 13　戦国形勢図

このころ斉の宣王に会見した孟子（孟軻）は、「中国」と四方の夷狄とを対比しつつ、「海内《かいだい》の地（天下）には方千里の領域が九つあり、斉国がその一つを領有している」ことを指摘している（『孟子』梁恵王上篇）。方千里を九つ組み合わせれば、方三千里（約一二〇〇キロ四方）の天下となる。

孟子はまた、農家学派の許行との討論の中で、禹が済水《せいすい》・漯水《とうすい》を疏通して海に水を流し、汝水・漢水・淮水・泗水を排水して長江に流したため、「中国」は農業生産をおこなうことが可能になったと述べている（滕文公上篇）。これによれば、「中国」が長江以北の華中・華北の農耕社会を指していることは明らかで、この領域はまた方三千里の天下の広さにほぼ一致する（図13）。

戦国末期の天下と九州

戦国末期に秦国で編纂された『呂氏春秋』は、はじめて九州によって区画される方三千里(約一二〇〇キロ四方)の天下の構造とその特性を明確に記述する。「およそ礼制に適った服装を身につけ、水陸の交通がつうじあい、通訳を必要としない領域は、三千里四方である。古の王者は、この天下の中心を選んで畿内の領域とし、畿内の中心に宮殿を建造し、宮殿の中心に宗廟を建立した。天子がこのように千里四方の地をもって畿内とするのは天下の中枢として統治するためである」(『呂氏春秋』慎勢篇)。天子が王者として統合する天下は、言語圏と交通圏および政治文化を共有する農耕社会の領域である。

同じく戦国末の秦国で編纂された『尚書』禹貢篇は、禹の治水、国土創造伝説にもとづいて、九州に区画される方五千里(約二〇〇〇キロ四方)の天下を記述し、九州の各州から貢納される田租・賦・貢献物、および各州に附属する周辺諸種族からの貢献物を詳述している。禹の創造した国土である禹蹟は、戦国末期までに、九州に区画される同一政治文化圏の天下として観念されるようになったのである。

禹の創造した天下九州説は、すでに戦国中期までには出現しており、しかも孟子はじめ儒者はそれを「中国」とよんでいた。孟子にやや遅れ、前四世紀末から前三世紀半ばにかけて活躍した鄒衍《すうえん》は、「儒者がいう中国は、天下にあっては八一分の一に過ぎない。中国は、赤県神州とよばれる。赤県神州の中にも九州があり、禹の整備した九州がそれである」と述べ、さらに「中国の外にも赤県神州と同様の州が九つあり、これが本来の九州である」(『史記』孟子荀卿列伝)と展開して、大天下説を披瀝している。この大天下説は、すでに存在していた儒者の天下＝九州＝中国説を前提にして、はじめてなりたつ言説である。

天下の全体的国土観念は、戦国諸王権の競合と成長との相互関係の中で生成・展開し、具体的な政治文化や経済・税制と不可分の関連をもつ国家観に生成していったのである。では、このような全体的国土観念は、どのような社会を基盤に生成し、展開したのだろうか。

二　小農民社会の形成――百生から百姓へ

庶民百姓の出現

清朝考証学の鼻祖のひとりである閻若璩《えんじやくきょ》(一六三六～一七〇四)は、儒家の古典である四書・五経のなかに現れる百姓《ひやくせい》の語句について検証している(『四書釈地又続』百姓条)。その結果、『尚書』堯典・舜典、『礼記』大伝など、五経のなかには爵位・領地をもつ百官としての百姓が散見するのに対し、後発の『大学』・『中庸』・『論語』・『孟子』の四書中に現れる二五件の百姓は、『孟子』万章上篇に引用する『尚書』舜典の一件以外は、すべて通常の庶民を意味する百姓であると指摘している。このことは、古い時代には爵位・領土をもつ百官であった百姓が、戦国時代には庶民を意味するように変化したことを示している。今日の中国でも、庶民のことを親しみをこめて老百姓《ラオバイシン》とよんでいる。

儒家の古典に現れる百官としての百姓は、西周期に各国諸侯のもとにあって支配者集団を編成した百生を実体とするとみてよい。この百生が、前五世紀までには、実体を異にする被支配者の庶民百姓として現れたのである。この百生から百姓への変化を直接に表現する史料はみあたらない。それは、この変化の背景にある社会の動向を追うことによって、はじめて明らかになるであろう。そこには、主として王権・諸侯に対する貢献・軍事的奉仕をになった宗子－百生の親族集団にかわって、庶民百姓が軍事・力役のにないてとして再編成されうるような社会的変化があった。

小農経営と小農民社会の形成

第一の社会的変化として挙げなければならないのは、春秋・戦国期をつうじて、小家族が主体となって営農する小農経営が広汎に形成されたことである。すでにみたように、仰韶文化期には四つ前後の小家族が複合世帯を編成し、消費と生産の基本単位となっていた。この複合世帯のなかから小家族が自立し、生産と消費をおこなう家を形成するようになったのである。その実態をまずみることにしよう。
法家の開祖と目される李悝《りかい》が魏の文侯(在位前四二四〜前三八七)に「地力を尽くす教え」を説いた。かれは、そのなかで前五世紀末から前四世紀初頭にかけての小農経営の様相をつぎのように説いている。文侯とともに耳を傾けてみよう。

いまひとりの農夫が五人家族をかかえて、一〇〇畝(三・六四ヘクタール)の土地を耕作するとしよう。かれは毎年一畝(三・六四アール)あたり一石半(三〇リットル)の粟《あわ》を収穫し、一〇〇畝で一五〇石(三〇〇〇リットル)の収入がある。一〇分の一税としてお上に一五石を差し出すと、残りは一三五石となる。食料は、ひとり一カ月に一石半消費するので、五人では一年間に粟九〇石となって、のこりは四五石である。粟一石あたり三〇銭に換算できるから、四五石で一三五〇銭となる。里の社祭や新嘗祭など折節の祭祀に三〇〇銭使うと、残りは一〇五〇銭となる。衣料は、ひとりにつきおおむね三〇〇銭使用するので、五人では一年間に一五〇〇銭となり、四五〇銭の不足が生じる。そのうえ不幸にして生じる疾病や葬斂《そうれん》の費用、およびお上の臨時の取立ては、まったく計算に入れていない(『漢書』食貨志)。

ここに描きだされるのは、毎年自己の占有する一〇〇畝の土地を耕作し、多少の赤字を出しながら、かつがつの生活を営んでいく五人の小家族による農家経営である。一〇〇畝の土地は、『礼記』王制篇や『孟子』では「百畝之分」「分田」とよばれ、「口分田」「職分田」の地目にみるように、これ以後唐代にいたるまで、土地所有・経営の基本単位となる。

　この家計計算は、男子がになう粟の主穀生産だけに基づいているので、多少割り引いて考える必要がある。ここには蔬菜栽培や鶏・豚などの家畜飼育は計算に入っていない。また成人女性がになう衣料生産も入っていない。李悝の家計計算のなかで、不足が出る最大の要素は、衣料の購入である。しかし、衣料の原料となる麻糸や絹糸の生産と機織りは、「男耕女織」の慣用句が示すように、主として女性労働によって果たされる。この女性労働を計算に入れると、衣料用一五〇〇銭は不要となり、粟三五石（一〇五〇銭）がのこる勘定となる。ただ、李悝がはぶいた疾病・葬斂の費用や臨時の租税取立てを計算にいれると、やはりかつかつの生活であることに変わりはないであろう。この教えの要点は、五人の小家族が年一作式農法をもちいて一〇〇畝の土地を経営しているところにある。

　前四世紀半ばごろ、孟子は、一〇〇畝の分田を夫が耕作し、五歩の宅地に桑を植え、妻が養蚕して絹を織り、五羽の雌鶏と二匹の雌豚とを飼育すれば、老人をかかえる八人家族でも飢えたり凍えたりすることはないと述べている（『孟子』尽心上篇）。これが李悝の「地力を尽くす教え」とともに、戦国期の小農の標準経営を示していると考えてよい。

社会的分業の形成

孟子はまた、君主は臣下・庶民とともに並んで農業労働に従事すべきだと説く農家学派の許行の弟子たちと討論している。その中で孟子はまず、冠などの装飾品、釜・甑《こしき》などの陶製炊事用具、鉄製農具など農民自身が製作できない物は、穀物との交換によって手に入れること、すなわち百工・手工業者たちと農民とのあいだに社会的分業関係が存在することを確認する。

つぎに孟子は、統治する君主は精神労働に従事する「労心」者であり、生産労働に従事する農工の「労力」者との間にも同様に明らかな分業関係が存在すること、それゆえ農工「労力」者は、君主「労心」者に対して生産物を提供し、君主を養うべきであると主張する。かくして統治者と被支配者とはみな農業に従事するべきであると説く君臣並耕説は退けられる（『孟子』滕文公上篇）。

ここには、小農経営の形成を基盤として、農工間の社会的分業の存在、支配者集団と庶民百姓とのあいだの精神労働と肉体労働との社会的分業の存在が明確に認識されている。小農社会は、社会的分業の形成と相互不可分の関係をもって成立したのである。

農耕方式の変化

春秋・戦国時代における小農民経営と社会的分業の形成過程の根柢には華北農業の変化・進

展がある。それは、数年作付をしたのち放棄をくりかえしていく仰韶文化期以来の切替畑農法から、年ごとに同じ耕地に一度作付して一度収穫する年一作式農法へと農耕方式が転換したことである。

孟子が言及したように、前七世紀から前四世紀にかけて、華北では鉄製農具が出現し、普及していった。先端が二股にわかれてフォークのような形態をもつ耒《らい》、スプーン型の耜《し》とよばれる木製耕起用具の先端に鉄が取りつけられるようになり、耕起深度が比較的深くなるとともに、畝《うね》を立てて種を条播《すじまき》することが一般化した。また鋤《じょ》とよばれるクワ型の中耕・除草用具が出現し、条播された畝上の雑草駆除と肥培管理が容易にできるようになった（図14）。孟子はこれを「深く耕し丁寧に耨《くさぎ》る（深耕易耨）」（梁恵王上篇）と表現している。

こうして、耕作地をとりかえていく必要がしだいになくなり、毎年同じ場所を占有して耕作を続ける年一作方式の農耕と小家族による農家経営が可能になった。ただ、李悝や孟子が述べ

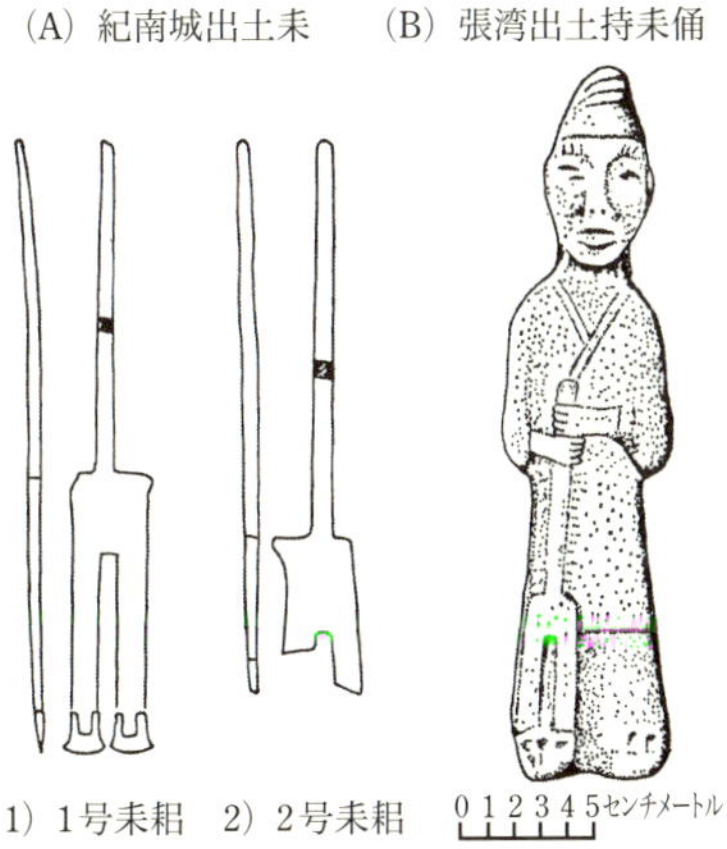

図14　戦国農具図

るように、三〜四ヘクタール（甲子園球場一個分三・八ヘクタールに相当）の土地で五〜八人の家族しか養うことができないのであるから、年一作式農法とはいえ、まだかなり粗放な農業生産の段階にあったことに留意しておきたい。ちなみに後述する商鞅《しょうおう》の変法以後、畝制の拡張によって、秦漢時代の分田（一頃＝一〇〇畝）は四・六ヘクタールとなり、ほぼ東京ドーム一個分（四・七ヘクタール）となる。

畝立て年一作方式の農法の成立過程にあって、魯国では、前五九四年秋に、史上「初めて畝に税す」るようになり（『春秋』）、前六・五世紀交替期には晋国各地で様ざまな長さの畝制にもとづく年一作式農法と収穫量の五分の一を収取する租税制度とが施行されるようになった（銀雀山漢墓出土『孫子』呉問篇）。それは、戦国期にはいって、李悝が魏の文侯に説いた一〇分の一税につながっていく。租税の成立は、支配者「労心」集団と庶民百姓「労力」との分業関係にもとづく公的権力関係の存在を意味する。

歩兵戦の出現

第二の社会的変化は、青銅製の武器を装備する歩兵の出現である。二里頭遺跡から青銅製の鉞が出土し、中国の武器・刑具は、金石併用期にはいった。殷代には、すべての青銅製武器がでそろい、戦国時代末期までの戦争は青銅製武器をもって戦うことが一般化した。また殷代後期には、戦車が出現し、殷末にはひろく戦争に使用されるようになった。

周は、戦車を兵力編成の基本単位とし、組織的な戦車戦を展開した。周が殷を滅ぼしえた要因の一つは、組織的な戦車戦による機動力の拡大であった。標準的にいえば、馬四頭が引く戦車一乗に三人の戦士が乗り、ひとりが戦車を操縦し、他のふたりが弓矢・矛・戈・戟などの武器をもって戦闘に参加する。戦士は、支配者集団を構成する世族《せいぞく》の成員たちであり、別に戦車一乗ごとに数十人の非戦闘員である輿人・卒とよばれる民衆が附属した。

前六世紀半ば、晋国では県ごとに戦車一〇〇乗の軍役が賦課され、県大夫を中心とする支配者世族階層は戦車に乗って戦う戦士を出し、社会下層からは戦士のための補助労役をになう輿人・卒が徴発された。この体制のなかにあって、前五四一年には、晋国で本格的な歩兵戦が登場する。ただし、まだ歩兵を主力とした山戎など異種族との山間地での戦闘に限られた。

前六世紀末・前五世紀初には、辺境諸侯の呉・越両国で独立歩兵部隊が登場する。呉・越勢力の北進にともない、この歩兵部隊が中原諸地域に拡大するとともに、百姓小農がこれを軍役として負担するようになる。秦国では、前四〇八年に百姓に帯剣を許可するようになる。それは庶民に対する武装の公的認可を意味し、秦国における庶民の軍役への大量動員と歩兵への編入とをものがたっている。それは、ほぼ五〇年後の商鞅変法によって実現される「耕戦の士」の前提条件となった。小農経営の広汎な形成とかれらをにないてとする歩兵の出現により、経営をもち軍役をになう家の主体が、これまでの首長層である世族から百姓小農へ転換したのである。百官百生から庶民百姓へ変化の社会的基盤は、ここに求められるであろう。

三　封建制から県制へ

春秋県の成立——晋国覇者体制と県

つぎに、この社会変化の過程が、どのようにして西周からつづく封建制を解体していくのか、前六世紀後半の晋国五〇県体制を具体的事例として、確認しておこう。

歴史学者の吉本道雅は、覇者である晋国を中心に、会盟をつうじて中原諸侯が従属する政治秩序を覇者体制とよび、また覇者晋国および各従属諸国の国内において、代代にわたって有力氏族が卿位を独占的に世襲する政治体制を世族支配体制とよんでいる。これは過渡期の体制であるが、まだ封建制の内部にとどまる政治体制である。

春秋中期に成立した世族支配体制とその解体について、県制成立の観点から確認しておきたい。覇者体制を確立することになる文公が晋の国君となったとき、前七世紀後期の晋国の政治編成は、つぎのようであった。

前六三六年の春、文公と夫人嬴《えい》氏が周の王城から晋国に帰還した。……胥《しょ》・籍・狐・箕《き》・

欒《らん》・郤《げき》・伯・先・羊舌《ようぜつ》・董《とう》・韓の諸世族が朝廷の政務を管轄し、国君と同族の姫姓の選良たちが中央諸官の政務を管轄し、才能ある異姓の世族が地方の政務を管轄した。晋公は貢献物によって生活し、大夫身分の世族は封邑からの収入で生活し、士身分の者は田土からの収入で生活し、庶人農民は自らの労働で生活し、手工業者・商人は官府で働いて生活し、身分の低い者は与えられた官府の職務によって生活し、宮廷料理人は食料加工によって生活した。政治は和やかに、民衆は豊かであり、財政に不足はなかった（『国語』晋語）。

これによれば、国君（晋公）の朝廷に公族一一族、中央に同姓の姫姓諸族、地方に異姓諸族が配置され、これら食邑（采邑）をもつ諸世族大夫からの財物の貢納制によって公室が維持された。国君を頂点とする公族・同姓諸族・異姓諸族の族的結合は、なお西周初期の宜侯封建、魯国・衛国・晋国封建の族的編成と共通しており、族制的支配者集団が存在したことを意味する。また晋国の政治支配が父系の血縁的系譜関係を基礎とする諸氏世族と姫姓・異姓諸氏族の複合的集合体であり、高度に発達した首長制段階にある社会であることを示している。

ただこの時期、晋国の世族層は軍制改革をめぐってはげしい勢力争いをくりひろげ、前五三九年までには、欒・郤・胥・原・狐・続・慶・伯の諸世族がつぎつぎに没落していった。軍制改革と世族支配層の再編が大きな課題となっていた。いっぽう晋国では、この少し前の前七世紀半ばごろから階層制聚落群の型式《パターン》を利用し、中心城郭聚落を中核とする県制が徐徐に施行されるようになった。それは、血縁的系譜関係とは異なる軍事的要素をともなって編成される体制であった。

県として再編された階層制聚落群は世族に所領としてあたえられ、県を領有した世族は、県大夫として県城を中心とする聚落群を支配した。県は、晋国に係属する公邑であるとともに、世族の采邑（私領）でもあるという二面性をもっていた。各世族は、韓氏一族七県、祁《き》氏一族七県、羊舌氏一族三県のように数県を族的に領有し、総体として晋国支配者集団を編成した。前五三七年の、その様相を『春秋左氏伝』がつぎのように伝えている。

韓起の配下には趙成・中行呉・魏舒・范鞅・智盈の五卿があり、羊舌肸《ようぜつきつ》の配下には祁午《きご》・張趯《ちょうてき》・籍談・女斉・梁丙・張骼《ちょうかく》・輔躒《ほらく》・苗賁皇《びょうふんこう》の八大夫がおり、みな非凡の選良である。韓襄は公族大夫となり、韓須が命を受けて外交を担当している。韓氏の族である箕襄・邢帯・叔禽・叔椒・子羽は、みな大家である。韓氏が軍役を出す七邑は、みな大県である。羊舌氏の四族もみな強家である。晋国はたとえ韓起と楊（羊舌）肸を失っても、五卿・八大夫が韓須・楊石を輔佐し、一〇家が領有する九県からの大戦車九〇〇乗、その他の四〇県からの後詰の戦車四〇〇〇乗によって、武威を奮い起こし、大いなる恥ずかしめに報復するでしょう。

前六世紀後半の晋国は、韓起を中心とする六卿八大夫の指導下に、四九県から四九〇〇乗の戦車軍団を供出する軍事連合体として編成されていた。すなわち、晋国にあっては、県を単位として県ごとにおおむね一〇〇乗の戦車軍団の軍役賦課がおこなわれ、軍役をになう戦士は、各県大夫を中心に軍団を編成し、各県大夫はさらに韓氏・羊舌氏など世族ごとに族的結合を基礎とする大軍団を編成する。これら世族ごとの大軍団は、六卿八大夫の指導下に晋国軍団として他国に対峙する。晋国では県制を単位とする軍事的編成によって、異なる血縁的系譜をもつ支配階層である卿・大夫の諸家・世族が統合されており、族的結合を基礎にする支配者集団の連合体制が成立していたのである。

晋県下層のうごき

世族・諸家が編成する支配者集団に対し、晋国県制の下層では、前六世紀半ばにはすでに農民の徭役編成が組織的に実施されていた。『春秋左氏伝』は、前五四三年のこととして、つぎのような興味深い記述をのこしている。

晋の悼公夫人が実家である杞国の城壁修築に出かけた輿人たちをもてなした。そのなかに絳《こう》県の老人がいた。子供がいないので、力役にかりだされてもてなしにあずかったのである。老人であることに疑念をもつ者がおり、年齢を問わせた。「それがし小人であります。年の数えようを知りませぬ……」。……その県大夫がだれであるか、趙孟が問わせたところ、自分の配下であった。趙孟は老人をまねいて謝罪した。……かくて老人を仕官させ、政務を輔佐させようとしたが、老齢を理由に謝絶したので、耕地をあたえ、徭役免除措置をとって絳県の師とし、老人を徴発した輿尉を免官した。

この記述によって、前六世紀半ばの晋国県制の組織実態がわかる。県の長官は県大夫であり、その下に輿尉があって徭役徴発をつかさどっている。またこの時、県にはさらに県師がおかれた。西晋の杜預《どよ》（二二二〜二八四）の注釈によれば、「県師は、地域を掌り、男女人民を弁別する」ことを職務とする。このことは、県大夫が世族によって占められていることを除けば、築城労働に徴発される輿人・住民が居住地ごとに編成されはじめたこと、および県令・県尉を幹部とする秦漢期の県制組織の骨格がここに形成されはじめていたことを意味する。それとともに、官僚制による庶民百姓の組織化が進展していることを告げているのである。

前六世紀半ばの晋国では、県制の下層をなす輿人・県人（百姓）の次元で、徭役編成を中心に民衆の居住地による組織化がかなり進行していた。しかし支配者集団にあっては、なお血統による族的結合を基礎とする軍事的編成によって統合されていた。この軍事的編成によって結合している族制的支配者集団は、小経営を形成しつつあった輿人・県人の歩兵への編成と政治社会への進出のなかで解体過程にむかい、そのなかから官僚制にもとづく新しい県制の構築を進めていく。これが中国における国家形成、すなわち「英雄時代」の最終局面である。

三晋分立と戦国県制の形成

前五一四年、韓・趙・中行・魏・范・智の六卿が晋国の公族である祁氏(七県領有)・羊舌氏一族(三県領有)等を滅ぼし、その所領を再編してあらたな県大夫を任命した。これを機に晋国の内部で六卿間の競合をはじめとする族制的支配者集団内部の競合・再編が活発化する。ほぼ六〇年間にわたる再編過程のなかで、前四五三年には韓・魏・趙の三卿が他の三卿勢力を排除して晋国を三分し、前四〇三年、三国はさらに周王から諸侯となることを承認される。こうして、晋国支配者集団は最終的に解体する。

晋国では、この三国分立過程のなかで官僚制による新たな県制が施行されていった。晋国三分の中心人物であった趙襄子(在位前四五七～前四二五)の治世期に、任登なる人物が中牟の県令となり、上計のさいに中牟県の士を推薦して採用されている(『呂氏春秋』知度篇)。また李悝《りかい》が「地力を尽くす教え」を説いた魏の文侯の時代に、鄴《ぎょう》の県令であった西門豹《せいもんひょう》が一年ごとに上計をおこなっている(『韓非子』外儲説左下第三三)。上計は、その県の政治財務報告を中央政府に対しておこなうとともに、地方の賢人と租税・貢献物を貢納する制度である。上計制度の存在は、一年を単位とする財務運営と世族ではない官僚を地方に派遣して統治する行政がすでに確立していたことを示している。

晋国では族制的支配者集団の編成する県制から官僚を派遣して統治する県制への転換が、公族滅亡から晋国三分にいたる六〇年余りのあいだに進行していった。ただこの過程を具体的に知りうる晋国関係の史料はのこされていない。比較的具体的な様相がわかるのは、商鞅変法を中核とする秦国の体制改革過程である。つぎに、その経緯を秦国についてみることにしよう。

四　商鞅の変法——前四世紀中葉の体制改革

華北西部にあった秦国は、すでにみたように後発の諸侯国であり、前四世紀中葉には「中国の諸侯の会盟に参加せず、夷狄同様のあつかいをうけていた」(『史記』秦本紀)。秦国は、中原諸国の改革からすこしおくれ、前五世紀末から前四世紀中葉にかけて、商鞅の変法とよぶ一連の改革を中心に政治社会の再編をおこなった。その中核は、小農民・小農社会を戸籍によって把握し、かれらを等級制の爵位をもつ国家の成員に編成して軍役・徭役・租税を負担させることにあった。その再編過程のなかから創出された政治社会の特徴を確認することにしよう。

変法の前提

秦国の改革過程も三晋の改革同様に半世紀あまりの長期にわたった。それは、前四〇九年に

「初めて吏に帯剣が許され」、翌前四〇八年には「初めて百姓に帯剣が許され」るとともに、「初めて穀物（禾）に租税がかけられた」（『史記』六国年表）ことにはじまる。前五世紀末、秦国では、官吏と百姓とがともに武装を許され、租税を媒介に統治者集団と被支配者集団とを構成するようになっていたのである。

そのご前三七九年には、蒲・藍田・善明氏をはじめて県とし、前三七五年には戸籍制度を施行し（「為戸籍相伍」『史記』始皇本紀）、翌前三七四年には魏国との戦争の前線基地であった櫟陽《やくよう》城にも県を設置した。中原諸国では、新たな県制の施行とともにすでに戸籍制度ははじまっていたと考えられる。趙国や魏国で確認できる県からの上計の最重要項目は戸口数の報告であった。ただ、史乗に戸籍を明記するのは、秦国の記事を嚆矢とする。

秦国東部に県制が施行されたことと戸籍による百姓・小農の編成とは相互関係にあり、東に対峙する大国魏との戦争を遂行するための軍事的要請にこたえたものであろう。商鞅の変法は、これらの改革を前提としてはじまる。

戸籍について

商鞅変法の制度的前提となった戸籍は、租税徴収、徭役（兵役）徴収のための戸口・田土帳簿であり、こののち清朝に至るまで、庶民百姓支配のための政治的な装置となった。ここで戸籍について概観し、商鞅変法が中国史上にもつ歴史的意味をあらかじめ明らかにしておきたい。

戸籍は、租税・徭役・兵役を収取するための台帳である。戸籍を編成する単位である戸は、通常租税・徭役・兵役の徴収単位であり、納入責任者である戸主は秦漢時代には戸人、唐宋時代には戸主・戸頭・当戸などとよばれた。戸籍は戸主が通常自己の責任において自主申告し、税役は戸単位に合算し、一括して納入された。戸籍は、税役収取の形態によって、時代ごとに記載内容・様式を異にする。しかしそれが戸口・田土帳簿であることは、のちの明の賦役黄冊《こうさつ》、清の編審冊にいたるまで基本的に一貫している。

戸籍は、郷・里を単位として編成された。すなわち所属する親族集団や血統とは無関係に、住民を居住地によって区別し、居住地を単位として国家に対する公的義務をはたさせる装置であった。戸籍の出現は、したがって中国における国家の形成と同義である。

戸籍は、その名のとおり、戸ごとに編成されるところに共通点がある。このばあい注意すべきは、戸と家と家族とを区別することである。

家族は血縁関係にもとづいて編成される社会組織であり、一組の夫婦と未婚の子供からなる小家族と、複数の婚姻関係からなる幾世代かの小家族があつまった大家族(拡大家族)とに大別できる。

家は、家族だけで編成されるばあいと、家族に非血縁成員である非自由民(奴婢、部曲など)、外来同居人（客、佃客《でんきゃく》など）をくわえて編成されるばあいとがある。両者は生計をともにする点で共通する社会組織であるから、家を家族と区別して世帯とよぶほうがよい。

戸は戸口・田土を戸籍に登録する単位であり、通常は社会に最も多く存在する小家族を単位に登録する。したがってこのばあい、戸と家（世帯）と小家族とは一致することが多い。商鞅の第一次変法では、分異令を出して小家族の分出を政策的に推進し、第二次変法でも父子・兄弟が同室内で生活することを禁じて分異令を補強したから、秦国の戸籍は、戸と家と小家族がおおむね一致したはずである。

しかし、このことから戸を家（世帯）と直截に同一視したり、家（世帯）と家族との違いを無視したりすることが往往にしておこった。政治制度と社会組織とが混同されるのである。この混同は、当該時代の史料の記述者にも生じるからややこしい。

登録単位である戸は、通常家（世帯）を基礎にする。秦漢期以後の中層以上の家には非家族成員を含むことが多いので、奴婢や客などが戸籍に登載される。家（世帯）が家族（血縁）だけで組織される場合は、戸＝家＝家族となって認識は混乱しない。しかし、家（世帯）が拡大家族で編成されるばあいや非家族成員を含むばあいには、事情が変わる。

拡大家族は、戸籍に登録するにあたって、いくつかの小家族に分割して登録することがある。このばあい、戸の政治編成は、家の社会組織とは一致しない。逆に有力家族のもとに多くの小家族が一戸に編成されることもある。三〇ないし五〇家を一戸に統合した北魏前期の宗主督護制がこの典型例である。このばあい戸は、多くの家の帳簿上の集合体であり、戸と家と家族とは一致しない。

いずれのばあいも主として税役負担の軽減・隠蔽を目的とする。国家の側からいえば、検括、括戸《かっこ》などと称して、とりしまり、摘発の対象となった。戸籍は、戸籍からの離脱である逃戸・流亡、記載欺瞞による脱税・避役をふくめて、国家郡県制と庶民百姓とのあいだの最前線の闘争場裡となった。

第一次変法

では、商鞅はいかにして、戸籍を体制改革のなかに位置づけたのか。変法の具体にふみこんでみよう。

商鞅(?~前三三八)は、もと公孫鞅と言い、衛国の庶子であった。当初魏国に仕えて栄達をはかったが果たさず、おりしも改革を推進しようとしていた秦の孝公(在位前三六一~前三三八)にうまくとりいって、改革を担当することになった。商鞅とよぶようになるのは、体制改革が成功し、商・於の領地を与えられて列侯となってのち、商君と号したからである。

商鞅の体制改革は七年をへだてて二度におよんだ。前三五六年に実施された商鞅第一次変法は、百姓が編成する小家族の家(世帯)を単位とし、耕地・宅地・奴隷その他の動産とともに、これを戸籍に附載し、軍役をになわせるという改革である。法家の韓非子はのちに、かれらを「耕戦の士」とよんでいる。こうして戦争に従事して軍功をあげたものは、上級の爵位を授けられ、田宅地の占有限度の拡大など様ざまな恩典を受けた。

この社会の軍事的編成は、百姓だけでなく秦国宗室にもおよんだ。軍功のない公族は、宗室の戸籍に附載されず、特権を付与されなくなった。ここでは小農民・百姓同様、支配者集団にあっても血縁血統原理による政治的編成は軍事的編成にとってかわられたのである。軍事的功績によってのみ支配者身分を得るという秦の爵制秩序は、族制的支配者集団の解体と直接生産者小農民の居住地による編成をあらわし、国家の形成を意味する。

商鞅の第一次変法は、百姓の小家族が営む小農経営を戸籍をつうじて軍事的に編成するところに主眼があったといってよい。

商鞅はまた、五家・一〇家ごとに什伍制組織を作らせ、住民どうし相互に犯罪を監視しあうようにした。この什伍制による相互監視のしくみは、血縁的系譜による社会統合からぬけでようとする小農社会にあって、小農世帯相互に分断をもたらした。それは、たびかさなる戦争への動員とも相互作用し、小農相互にみずから統合規範を作ってそれらを共有しうる新たな地縁組織を形成していくうえで大いなる阻害要因となった。新たな地縁団体の未形成は、戸籍をつ

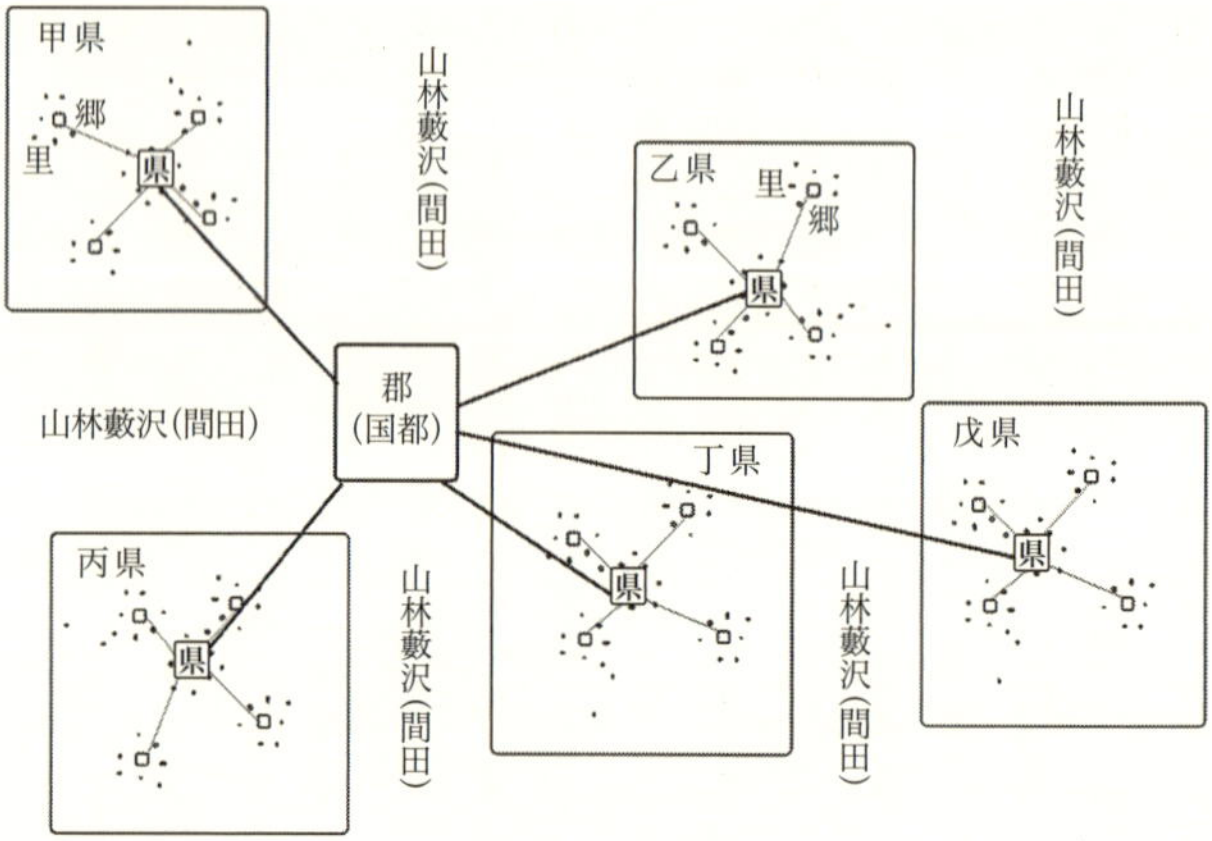

図15　戦国秦漢郡県郷里概念図

うじた国家の直接的な小農支配と流動性の高い小農社会とを生みだし、専制主義的な政治支配を再生産する温床となっていった。

第二次変法

第一次変法が施行されてあしかけ七年、「民は公戦に勇み、私闘に怯えるようになって、郷邑は大いに治まった」(『史記』商君列伝)。そこで商鞅は、前三五〇年、第二次変法に着手する。第一に、商鞅は、新たに国都咸陽《かんよう》を造成し、雍城から都を遷した。

第二に、小都・郷・邑・聚とよばれる大小の聚落を再編し、城郭をもつような大規模聚落を県、中級聚落を郷、小聚落を里とし、県－郷－里の三階層制聚落群からなる三一(別の記述では四一)の県制を秦国全土に施行した(図15)。県には中央政府から県令・県丞・県尉を派遣して行政統治をおこなった。

　県制の施行をうけて、第三に耕地を一〇〇畝（一〇頃）と一〇〇畝（一頃）に区画する道路を作って耕区整理を実施し（阡陌《せんぱく》制〔図16〕）、分田制を制度化した。第四に度量衡制度を調整して、租税負担の公平化をはかった。その二年後、前三四八年には、県から中央政府への租税貢納制度である賦制を整備している。

　前三五六年から前三四八年にいたる秦国の体制改革は、秦国を富強に導き、戦国六国を滅ぼして天下統一をなしとげる基盤となった。それとともに、秦をうけた漢以後の専制国家のひな型を創りあげるものとなったのである。

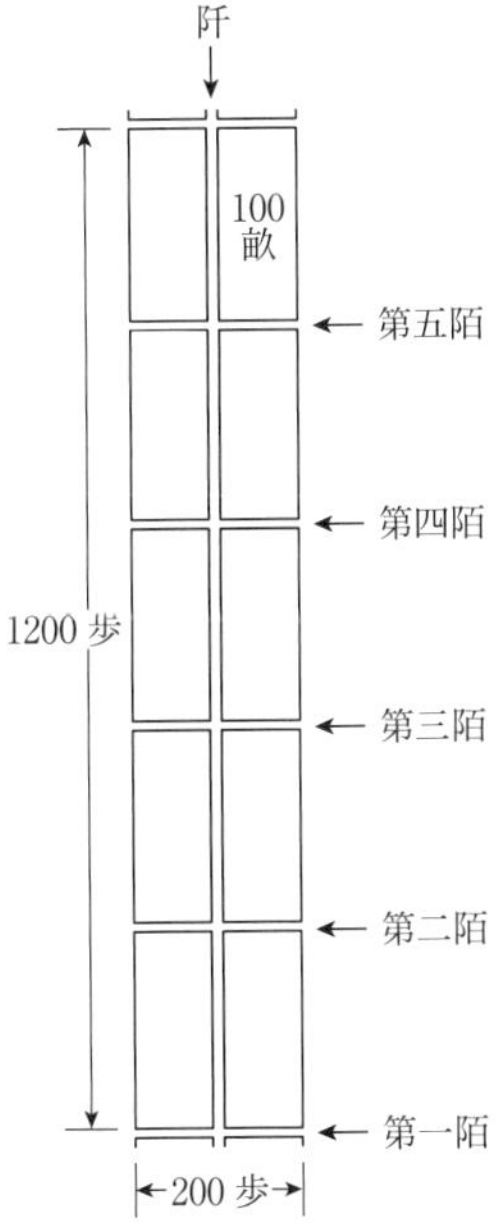

図 16　阡陌概念図

変法の諸結果(1)——県制から郡県制へ

秦国は、変法後、まず隣接する魏と楚に対する戦争をすすめた。前三三〇年、黄河以西にある魏の領地を獲得し、さらに黄河の東にある魏の領域に侵攻し、前三二八年には魏から匈奴に接する上郡一五県を譲りうけた。秦はまた、前三一二年、楚国が領有していた漢中の地、方六〇〇里を攻略して漢中郡を設置し、翌年には属領化していた蜀にも郡を設置して直轄領とする。ここに秦国辺境にはじめて郡県制が導入された。

郡は、春秋末期の晋国ではじめて出現した行政区である。晋国の郡は、新たに獲得した辺境地帯に設けられた軍管区であり、国君がこれを直接支配した。当初郡と県との間に統属関係はなかったが、戦国時代にはいって、辺境への軍事的拡張が進展すると、郡の下にいくつかの県を分置するようになり、郡県二級制の地方組織が形成された。その結果、既存の県にもその統括官府として郡が広く設置されるようになった。秦国でも、前四世紀半ばの商鞅の変法によって、全支配領域に県制を展開し、さらに領土を拡大すると、北方の遊牧種族匈奴や西南方面のチベット系諸種族と接する辺境地帯に郡を設置していったのである。

前二八八年には、東帝を称する斉国に対し、秦は西帝を称したが、ほどなく両国とも王号にもどした。郡県制の進展とともに、競合する王権を凌駕する統一権力の称号が模索されはじめた。

さらに秦は、前二七八年、楚の旧都郢《えい》を攻略してその領域を南郡とし、翌年には巫郡・黔《けん》中《ちゅう》郡を、前二七二年には南陽郡をあいついで設置した。こうして前二五六年に周を滅ぼしたのをかわきりに、秦は、前二三〇年に韓国、前二二五年に魏国を滅ぼし、つぎつぎに六国を攻略していく。

前二二二年、秦は、遼東に本拠を移していた燕国を滅ぼし、ついで代に拠っていた代王嘉をとらえて趙国を滅ぼした。南方戦線では、楚国および江南地方を平定し、越族の越君を降して会稽郡を設置した。翌前二二一年、西方にむかって主力を集中した斉国の虚を衝き、秦は燕の南辺から侵入して斉を攻撃し、斉王建をとらえ、斉国を滅ぼした。ここに春秋・戦国期の分裂時代は幕を閉じ、郡県制を基礎とする中国最初の統一専制国家が形成された。

変法の諸結果(2)――荀子の国家論

荀子(荀況)は、戦国儒家の最後尾に位置する大儒である。かれは、社会のなりたちから戦国国家のしくみまで、これを一貫した論理で説明した唯一の思想家である。かれは、前三世紀半ば、秦国を訪れ、ときの宰相范雎《はんしょ》(?~前二五五)と会見した。范雎は、長平の戦いを指導し、趙国に壊滅的打撃をあたえた人物である。かれの質問に答えて、荀子は、秦国の都城・官府には威厳があり、士大夫・百吏は慎み深く律儀であり、百姓は純朴であると述べている(『荀子』

強国篇）。商鞅の変法からほぼ一世紀たち、秦国は、王権のもとに宰相率いる官僚制がととのい、官僚制によって百姓を支配するようになっていた。

荀子は、この眼前にある戦国国家を観察し、具体的に分析した。かれは、孟子の「労心」「労力」の分業論を継承し、これをさらに展開して社会的分業にもとづく礼制国家論を集大成した。それは、礼制の基礎に分業論をすえるきわめて現実主義的な国家論であり、中国の専制国家の階級的基礎をみごとに理論化している。以下に、『荀子』富国篇の記述を参照して、その社会論・国家論を概観しよう。

荀子は、「人の生まるるや群なきあたわず」と述べ、人間の特質を群的存在・社会的存在にあると指摘する。さらに「群して分なければすなわち争い、争えば乱《みだ》る。……分あるは、天下の根本利益なり」と述べて、群（社会）の秩序形成は分（分業）にもとづくと主張する。かれは、また「百技の成す所は、一人《こじん》を養う所以《ゆえん》なり」と述べて、質的に異なる様ざまな労働・技能が生産する諸物や様ざまな職能・役割分担によって一人ひとりの生活がなりたっていると指摘する。すなわち社会的分業のもとに一人ひとりが相互依存することによって、群（人間社会）がなりたっているというのである。

かれは別に、群的存在である人間をその能力によって区分し、道に詳しい者を君子とよび、物に詳しい人びとを小人と規定する。かれによれば、君子は、精神労働をおこなう「労心」者であり、具体的には王‐相国（宰相）‐士大夫‐官人百吏からなる官僚制の体系として存在する。小人は、肉体労働をおこなう「労力」者であり、具体的には農・工・商の社会的分業をになう衆庶百姓として存在する。換言すれば、荀子は、君子＝王権・官僚制による小人＝百姓の支配を精神労働と肉体労働の社会的分業にもとづいて理論化したのである。

こうしてさらに「士以上は必ず礼楽によって秩序化し、衆庶百姓は必ず法制によって統治する」と述べて、荀子は、礼楽と法制による政治社会の秩序化を主張する。この礼楽と法制による政治社会の秩序化は、前後漢交替期の一〇〇年をかけて現実化する。そのしだいは第四章で述べよう。

荀子がとらえた精神労働としての王権・官僚制体系は、血縁的系譜関係によって支配者集団を形成していた封建制下の国君‐世族層の解体のなかから生まれてくる。それは、小農民経営の形成によって氏族制の下層をなす類醜から庶民百姓が生成する過程と相互関係にあった。わたくしは、荀子の分析にもとづいて、王権‐官僚制体系による庶民百姓に対する支配の生成こそ伝統中国における階級支配、皇帝‐官僚階級による百姓階級の支配、すなわち専制国家の形成であると考えている。このことについて、つぎには秦漢帝国を俎上にのせて確認することにしよう。

第三章　帝国の形成——秦漢帝国

秦国は、秦王嬴《えい》政（前二五九〜前二一〇、在位前二四六〜前二一〇）の統治時代にはいると、さきにみたようにつぎつぎと六国を滅ぼし、県の上に郡を設置していき、前二二一年、天下を統一した。秦王政は、王・天子の称号を棄て、それらをこえる王権の称号として皇帝号を採用し、始皇帝と称した。皇帝号は、天上の絶対神である皇天上帝に由来し、宇宙を主宰する偉大な上帝そのものを意味した。

始皇帝はまた、「天下を分けて三六郡とし、郡には郡守、郡尉、監御史を設置した」（『史記』始皇本紀）。春秋・戦国期をつうじて各国で生成した郡県制による地方統治を全天下一律の地方制度として再定位した。さらに蒙恬《もうてん》に命じ、三〇万の兵士をひきいて遊牧民を撃たせ、河南（オルドス地方）の地を手にいれるとともに、旧六国が築いていた長城をつないで万里の長城を造成し、北方遊牧民に対する軍事境界線を敷いた。その版図は、華北・華中を中心に華南、内モンゴルにまで及び、天下を中国とする国家が実現した。禹が創造した国土である天下＝九州の禹蹟は、皇帝が統治する三六郡の天下として現実化したのである。

始皇帝が支配する三六郡の天下は、やがて朝鮮半島や華南・ベトナム北部へ軍事的な拡張を開始する。それは、これまで独自に発展してきた南方の稲作諸社会や北方の遊牧諸社会を呑食していく過程であり、多様な諸社会を包括することによって、専制的統治が帝国化していくことを意味する。しかし秦朝が短命で滅んだため、その完成は、秦漢交替期の政治的混乱をはさんで、漢の武帝期にまでもちこされる。以下、その経緯をみることにしよう。

一　郡県制から郡国制へ

始皇帝の郡県制支配

郡県制は、春秋・戦国期に形成がはじまり、統一秦朝に完成する。郡県制のうち、県の上級組織である郡や州の数が、こののち時代によって大きく変動したにもかかわらず、県の数は漢から清にいたるまで、おおむね一二〇〇から一五〇〇で推移した。皇帝が統治する専制国家の基盤は郡県制にあり、郡県制の根柢は県にある。

統一秦朝の郡県制統治の具体を知ることができる資料が近年見つかった。二〇〇二年、湖南省龍山県里耶鎮の里耶古城の井戸から三万六〇〇〇枚の簡牘が出土した〔図17〕。それは、秦の洞庭郡遷陵県という、これまで全く知られていなかった辺境郡県の官府文書を中心とする一群の文書である。一部分が整理されて公刊されているが、なお全貌は公開されていない。公開さ

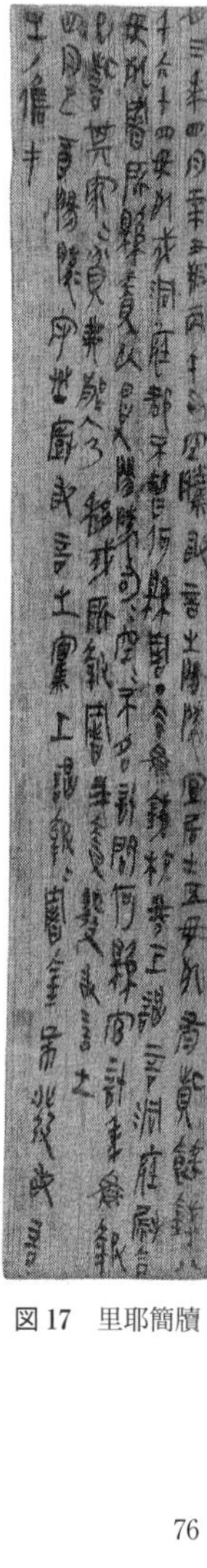

図17　里耶簡牘

れた簡牘からだけでも、もと楚国に属した秦代辺境の遷陵県の行政組織の詳細がわかる。現在進行形で、簡牘の解読を中心に精緻な研究がつづけられているが、ここでは、筆者が読みとった、そのあらましを紹介しておこう。

公開された簡牘によれば、遷陵県の上属官府は洞庭郡であり、洞庭郡には洞庭太守府と洞庭郡尉府の二つの官府があった。郡太守府は太守を長官とし、行政を中心とする一郡全体の統括官府であり、郡尉府は郡尉を長官とし、一郡の甲卒・県卒を統括する軍政官府である。洞庭郡には、遷陵県のほか酉陽県など複数の県が所属していた。

遷陵県は、現在の湖南省西北部に位置し、北は湖北省、西は四川省に隣接している。この地は、現在多様な少数民族が生活する稲作地帯であり、古来より稲作社会であったはずである。ある簡牘には、「百姓の習俗は、農業を好み、商業を好まない。槎田《さでん》して年ごとに耕作地を替え、中県(中原)と習俗を異にする」と、その生業を記している。槎田については、いまのところ確実なことはいえないが、中原の年一作方式の農業と異なり、隔年の休閑をはさむ農業が営まれていたようである。槎には、木を斫《き》るという意味があるから、あるいは開拓地の農業を記述したものであろうか。いずれにしても、この地の稲作が、先進地帯である中原の畑作農業より遅れていたことは明らかである。

遷陵県の組織

遷陵県の組織に移ろう。遷陵県には県令・県丞・県主簿など、中央政府から派遣される幹部職員のほか、部局として吏曹（人事管理）・尉曹（徭役管理）・戸曹（戸口・租税・祭祀）・金布曹（貨幣）・倉曹（穀物、隷臣妾管理）・庫曹（武器）・司空曹（刑徒管理）・獄曹（司法）・覆曹・車曹などがあり、べつに公田を管理する田官、家畜を管理する畜官、船舶・輸送を管理する船官などがあった。各曹、各官には曹嗇夫《しょくふ》・令吏、佐・史などの職員が配置されていた。これら県官府の部局・職員配置は、漢代の県組織とほとんど変わりなく、全国一律の組織規程の存在をうかがわせる。この組織形態は後漢までひきつがれ（後述第四章一三六頁）、隋初の改革によって変質するまでつづく。

県官府の職員数について、「吏の定員は一〇四人であるが、三五人が欠員である。現在官府にあって働いているのは五〇人」であると記述する簡牘がのこっている。前漢では、一万戸以上の県には県令、一万戸以下の県には県長を置いた。制度上一万戸前後の県が秦漢期の中規模県であったとみてよい。約一万戸の県を仮定すると、定員一〇四人の吏員の数は少ないように思える。ただ、官庁の修繕・清掃、幹部職員の世話、使い走りなど、官府の維持に必要な単純労務は、義務的に徴発された百姓が輪番によって担当した。また工事・工作・手作業などに必要な肉体労働は、隷臣妾(官奴婢)・刑徒、および百姓の徭役が用いられた。吏員以外の官府の労働者の数はわからないが、吏員をはるかに凌駕する数であったことはまちがいない。

遷陵県の郷里制

遷陵県には県城内の都郷のほかに、啓陵郷・貳春《じしゅん》郷の三郷があった。また唐亭・貳春亭など、交通・警察業務や耕地の阡陌を管理する亭が存在し、別に通信業務にかかわる郵が存在したことも簡牘の記述からわかる。郷には郷主である郷嗇夫《きょうしょくふ》、その職員である佐・史が配置され、亭には校長が置かれ、郵には郵人が配置された。郷はその聚落のなかと周辺にいくつかの里をもち、里には里典(里正)が置かれた。

秦の辺境に位置した遷陵県の組織を概観すると、秦の県制が龍山文化期以来の三階層制聚落群の型式《パターン》を基礎にし、全天下一律に、県–郷–里の行政組織として編成されたことは明らかである〔図15参照〕。

基本的に秦制を継承した前漢の制度では、郷には三老、有秩・嗇夫、游徼《ゆうきょう》の職がもうけられた。三老は郷の風俗の教化・善導、有秩・嗇夫は租税徭役の徴収、游徼は警察業務をそれぞれつかさどった。秦の郷嗇夫の職務も租税徭役の徴収が主たる職務であろう。留意すべきは、漢代の戸籍は、郷戸籍・戸版とよばれ、郷を単位に作成されたことである。秦漢期にあっては、郷嗇夫・有秩が戸籍を作成し、それにもとづいて徭役租税収取の調整をおこなったと考えてよい。

『里耶発掘報告書』には、里耶古城の城濠から出土した断簡をふくむ二八例の戸籍様簡牘が紹介されている。それらは、基本的に小家族単位の戸籍であるが、なかには三人兄弟二組の婚姻をふくむ大家族と臣(男性奴隷)一人の計一一名からなる家を記載する戸籍もある。

始皇帝の統一支配

この郡県制の天下を統一的に支配するため、始皇帝は、旧六国地域で個別に使用されていた漢字を篆書《てんしょ》体、隷書《れいしょ》体に統合し、車の軌道幅をはじめ、法令・度量衡を統一した。また、宮廷に所蔵し博士が利用する書籍を除いて、民間にある儒家など戦国諸子の書物を廃棄させ、儒家を中心とする諸生の民間での講学や言論を禁止し、咸陽にいた諸生四六〇余人を穴埋めにして弾圧した。漢代以後の人びと、とりわけ儒家は、これを「焚書坑儒《ふんしょこうじゅ》」とよび、文明の崩壊だと誇張した。

さらに始皇帝は、統治に必要な法律・度量衡の諸制度については、官府の官吏について学ぶよう指示した。法術主義の徹底である。法令・刑律にもとづく官僚制統治は、漢代以後の諸王朝にあっても支配の基盤的装置として継承された。始皇帝がはじめたこれらの統一政策は、多種大量の文書を用い、全国土一律の官僚制統治を実施し、皇帝の専制支配を実現するために不可欠の施策であり、清朝にいたるまで基本的に継承された。

始皇帝は、車の軌道を統一するとともに、また全国土に直道や馳道《ちどう》とよぶ幹線道路網や駅伝制を整備し、皇帝の命令文書である詔勅や中央・地方の官府から発給される公文書の伝達の迅速化を促進した。

始皇帝はまた、この幹線道路を利用し、一一年の統治期間に秦の故地をはじめ、旧六国の領域を前後五回にわたって巡行した。始皇帝は、巡狩にさいし、大駕鹵簿《たいがろぼ》とよぶ行列を編成し、属車とよぶ八一乗の従行車を中心におびただしい数の戦車・騎馬を従えた。漢代の大駕鹵簿は、戦車千乗・騎馬万匹・属車八一乗の編成であったというから、始皇帝の鹵簿を準用したことは疑いない。ただし千乗・万匹は成数、九九＝八一乗は聖数であるから実数ととる必要はない。この鹵簿の編成は、種類と規模を拡大しながら、清朝にいたるまで、皇帝が庶民百姓に対してその武威・威徳を直接喧伝する装置として継承された。

前二一八年の東方巡行のさい、始皇帝は、洛陽にほど近い陽武県博狼沙の馳道上で、のちに漢の宰相となる張良(?〜前一八九)の暗殺隊によって襲撃された。張良お抱えの力士が三〇キロの鉄椎を投げたが、属車のほうに当たって暗殺は失敗した。皇帝の威武は、たえず身の危険とともに行進したのである。

また巡行中、始皇帝は旧六国各地の山岳を自ら祭祀し、その祭祀権をその手に収めていき、そのうち七カ所には秦の威徳によって実現した平和をたたえる文章を石に刻んだ。

始皇帝が巡行中におこなった最大の祭祀は、泰山で挙行した封禅《ほうぜん》である。封禅は、山頂で秘密裏におこなわれた。それは天に天下統一の報告をおこない、秦の皇帝権力の永続と自らの不老長寿を祈念するものであった。封禅祭祀は、伝説上の聖王を除けば、始皇帝が創始し、実行した祭祀であり、天下泰平を実現した皇帝・天子でなければ挙行しえない祭儀であった。封禅祭祀は、こののち漢の武帝、光武帝、唐の高宗、周の則天武后、唐の玄宗、北宋の真宗の六人がおこない得たに過ぎなかった。

始皇帝の政治は、統一された制度・法制の現実的運用と祭祀・祭儀の全国的統合をめざしてなされたのである。

漢の高祖──郡国制の創出

前二一〇年、巡行の途上で始皇帝が病死した。それがおおやけになると、前二〇九年、陳勝(?~前二〇八)・呉広(?~前二〇九)などの農民軍や旧六国の王族たちが各地で蜂起した。泗水亭長であった劉邦は、陳勝に呼応して立ちあがり、やがて沛《はい》県を拠点に勢力を拡大していった。仇敵を避けて会稽郡に流寓中の項籍(前二三二~前二〇二)、字《あざな》は羽は、代代楚国の将軍を出す家の出であった。かれは、叔父の項梁(?~前二〇八)とともに会稽郡守を斬首し、項梁を郡守に戴いて反乱に加わった。

反乱諸勢力の中からやがて劉邦と項羽が台頭し、項羽は、前二〇六年、秦の都咸陽を焼いて秦を滅ぼした。かれは、自ら西楚覇王と称して「天下の主」となり、秦の郡県制を再分割して、一八王国を建てた。諸王の並立する戦国の再現である。劉邦は、巴・蜀(四川省)、漢中(陝西省南部)の四一県を領有して、漢王となった。漢の国号は、最初に封建された漢中の地名によって立てられた。こののちの王朝名・国号は、北宋にいたるまで始封の地にちなんで立てられるようになる。

一八王国は、やがて劉邦勢力によって攻略されていき、前二〇二年正月に項羽が殺されると、諸侯はすべて漢に臣属するようになった。その二月、諸王に推戴された劉邦は皇帝位に即いた。高祖劉邦(在位前二〇六~前一九五)は、異姓の功臣や同姓親族をあらためて王国・侯国に封建した。

前一九六年、高祖は、建国以来あいまいになっていた貢献制と賦制の改革を断行した。各王国・侯国については、毎年年頭の一〇月、皇帝に朝見して貢献物を貢納すること、直轄郡については、その人口数に六三銭を乗じた銭額を賦として中央政府に貢納することを命じた。王国・侯国は、郡県を封地とする封建制であり、かれらは、貢献制をつうじて皇帝のもとに統合されたのである。賦を貢納する漢朝直轄の郡県制と貢献制を媒介とする王国・侯国の封建制とが複合するので、この支配体制を郡国制とよぶ。かくして王号は、王権の称号ではなくなり、皇帝に臣従する爵位のひとつになった。

高祖は、最晩年の前一九五年三月の詔勅で、「わたくしは立って天子となり、天下を帝として領有し、今日まで一二年になる」（『漢書』高帝紀下）と回顧し、天子を自称した。高祖は、始皇帝が排除した天子号を正式に復活させたのである。これ以後、清朝にいたるまで、歴代皇帝は、天下を支配する王権の称号として、皇帝とともに天子号を併用するようになる。

文帝時代の天下

高祖のあとを継いだ第二代恵帝劉盈《りゅうえい》（在位前一九五～前一八八）は、在位七年で若くして亡くなった。母の呂太后雉《ち》（?～前一八〇）は、少帝を立てて朝廷に臨み、呂氏一族のうち四人を国王、六人を列侯にとり立てて、権力を掌握した。前一八〇年に呂太后が死ぬと、劉氏一族の朱虚侯劉章（前二〇一～前一七七）が丞相陳平（?～前一七八）・大尉周勃（?～前一六九）等とクーデタを起こし、呂氏一族を一掃し、高祖の中子で代王となっていた劉恒を迎えて皇帝に立てた。

その文帝劉恒（在位前一八〇～前一五七）は、在位の二三年間、倹約に勤めて百姓の生活安定を図り、「もっぱら徳によって民衆を教化したため、天下は殷富となった」（『漢書』文帝紀贊）。しかし、文帝が即位したころ、北方ではすでに匈奴が強大な遊牧国家を形成していた。

匈奴は、前四世紀末ごろに起こり、前三世紀末の冒頓《ぼくとつ》単于《ぜんう》は、東方の東胡、西方の月氏等の諸種族を統合してモンゴル高原を支配した。前二〇〇年、高祖は、匈奴を討つために親征したが、白登山（山西省大同市東北）で大敗し、屈辱的な和議を結んだ。文帝の時代にいたるまで、漢は、毎年黄金や高級織物を匈奴に貢納して臣従を示していた。

文帝の末子梁王劉勝の太傅（守り役）であった賈誼《かぎ》（前二〇一～前一六九）は、この状態を「倒懸（逆さ吊り）」とよび、つぎのように述べている。

天下の形勢は倒懸状態にある。天子とは、天下の頭である。体の上部に位置するからである。蛮夷とは、天下の足である。その下部に位置するからである。いま匈奴は傲慢にも侵略をはたらいて不敬をきわめ、天下の煩いとなってとどめようがなく、しかも漢は毎年黄金や高級織物を貢納している。夷狄が貢献を命じるのは、君主の権力を行使していることであり、漢の天子が貢献物をさし出すのは、臣下の礼をとるということである。足がかえって上にあり、頭が下になっている。このような倒懸状態を解決できないようでは、国家人民を統治することなどありえない（『漢書』賈誼伝）。

賈誼は、匈奴の強圧を前にして、天子の統治する天下が夷狄を包括する領域であることを提示している。賈誼は、またべつに「いま漢は、中国に帝として君臨している。厚き徳によって四方の夷狄を懐柔するほうがよい」（『新書』匈奴篇）と述べている。前漢前期には、天下は、中国と四方の夷狄とが構成する領域として認識されるようになった。それは、中国が貢献制を媒介にして周囲の諸社会と相互作用圏を創りだし、新たな天下を構築する基盤を生みだしたことを意味する。

二　武帝の時代――帝国の形成

文帝とつづく景帝劉啓（在位前一五七〜前一四一）は、二代にわたって王国・侯国の領土と権力の削減につとめた。これに反抗して、前一五四年、呉楚七国が反乱を起こしたが、わずか三カ月で漢朝に制圧された。これを転機として王国・侯国の権力削減がいっそう進んだ。武帝劉徹（在位前一四一〜前八七）の時代には、国王・列侯は、ただ租税の一部を受領して生活するだけで、政治には関与しなくなった。王国・侯国は、直轄郡県とまったく変わらなくなった。複合していた封建制は、形式となって郡県制に埋めこまれ、ここに戦国の体制は実質的に終末をむかえた。

武帝が即位したころ、国家は長年にわたり平穏で、自然災害に遇うこともなく、民間・郡県には穀物・財貨が充満していた。首都長安には数百億銭に相当する財貨が蓄積され、太倉には古い穀物がおりかさなって積み上げられ、腐敗して食べられないようなありさまだったという。

武帝は、この文帝・景帝時代の財政的蓄積を背景にたびたび外征をおこなった。衛青(?~前一〇六)や霍去病《かくきょへい》(前一四五~前一一七)などの武将を用い、これまで臣従を余儀なくされてきた匈奴に対して反攻を開始した。前一二七年には河南(オルドス地方)を回復して朔方・五原両郡を置いた。前一二一年には河西回廊を制圧して武威郡・酒泉郡を置き、前一一一年には両郡からさらに張掖・敦煌郡を分置して四郡とし、西域に交通をつうじた。南は前一一一年に南越王国を滅ぼして南海郡ほか九郡を設置し、さらに雲南の西南夷を平定して武都郡ほか五郡を設置し、ベトナム北部まで郡県化した。東は前一〇八年に朝鮮王国を滅ぼし、楽浪郡ほか四郡を設置した。このように漢朝の郡国支配領域は、四方に向かって急速に拡大し、様ざまなひずみをともなって帝国化した。

三輔－内郡－辺郡

外征によって辺境に多くの郡県が設置されるようになると、漢の郡国制は、帝国とよぶべき政治的編成をもつようになった。武帝は、景帝以来の郡国制再編を一層すすめた。まず、前一〇四年、京兆尹《けいちょういん》(長安)・右扶風《うふふう》・左《さ》馮翊《ひょうよく》の三郡を造って「三輔」とよび、首都圏を編成した。同時に、漢人の住む領域を内郡地域(前漢末に三四郡・一九王国)とし、辺境にあって諸種族が混住し、部都尉・属国都尉など内郡にはない軍事機関や道とよぶ県官府を設置する領域を辺郡地域(前漢末に四六郡・一二王国)とした(図18)。

図18　前漢郡国図

武帝を継いだ昭帝劉弗陵《りゅうふつりょう》(在位前八七～前七四)は、前八一年、郡国から賢良・文学の科目によって官僚候補者を推挙させ、かれらを長安に集めて会議を開いた。会議の主題は塩・鉄器の専売制をはじめとする武帝期の財政政策であり、賢良・文学の士は政策担当者である桑弘羊等と堂堂の議論を展開した。のちに、その会議に提出された議文にもとづいて、桓寛が『塩鉄論』を編纂した。そのなかで、ある文学の士が、辺郡地帯と内郡地域との地域間分業について、つぎのように議論している。

辺郡は山谷に位置し、陰陽は調和せず、寒さで凍てつく大地は裂け、突風が鹹地《かんち》を吹き荒れ、沙石が重積していて、地勢に良いところはない。中国は、天地の中心にあり、陰陽は調和し、日月がその南を通過し、北極星がその北に出、諸種調和の気を包摂して、諸物を生産する。いま中国を出て辺境を侵し、大いに不毛・寒苦の地を拡張するのは、長江・黄河の流域を棄てて、山稜・沼沢の地を耕作するようなものである。中国から穀物倉の蓄積を転送し、府庫の財物を急送して、辺郡の民衆に供給するので、中国の民衆は輸送徭役に苦しみ、辺郡の民衆は防御に苦しんでいる。辺郡の民衆は、耕作に勤めても穀物の販売には不向きであり、布帛の利益もない。中国からの絹糸・真綿の供給をまって衣服を手にするのだが、毛皮やフェルトでは、まるで体を被うに足らず、夏でも袷《あわせ》を手ばなせず、冬にはじっと穴居し、父子夫婦そろって、レンガ造りの半地下式住居の中で生活している。中国も外辺も空虚となっては、名医扁鵲《へんじゃく》の血流治療になぞらえる均輸法も役立たず、塩鉄専売にも幸せはない(『塩鉄論』軽重篇)。

文学の士は、内郡地域を中国とよんで生産地域とし、辺郡地域に軍需・生活物資を輸送して苦しんでおり、また非生産地域である辺郡地域の住民は内郡中国から輸送される物資に依存しつつ、兵役、防衛業務にあたって苦しんでいる、と述べている。このように内郡領域は、相対する辺郡・周辺とのあいだに地域間分業を編成し、相互作用圏を構成することによって、中国となった。

辺郡地域は、畑作農耕社会、稲作農耕社会、狩猟採集社会、遊牧社会、オアシス都市社会など生業を異にする諸社会を郡県に包摂し、多様性をもっていた。辺郡は、三輔・内郡からなる中国にはない多様性をたもちつつ、中国とのあいだに相互作用圏を創りあげた。この相互作用圏は、三輔-内郡-辺郡からなる中心-周辺構造を編成し、戸籍をつうじて皇帝が実効的に百姓を支配する方万里の天下となった。

方万里の天下

前漢末に、にわかに脚光をあびるようになった儒家経典『周礼《しゅらい》』は、「職方氏」・「大行人」等の職掌を記述する中で、天下を九州(中国)と四海(夷狄)とからなる方万里(約五〇〇〇キロ四方)の領域として記述している。前漢末平帝期の紀元後二年の戸口・国土統計には、「およそ郡国は一〇三、県は一三一四、道(諸種族の混住する県)は三二、侯国は二四一。土地は、東西九三〇二里、南北一万三三六八里、総面積は一億四五一三万六四〇五頃、……国家登録戸数一二二三万三〇六二、口数五九五九万四九七八人」(『漢書』地理志下)とあって、『周礼』の方万里の天下は、漢王朝極盛期の実効的支配領域に合致するものとなった。

戦国末から前漢にかけて、儒家経典等が記述する天下は、方三千里・方五千里の中国、さらに中国と夷狄とからなる方万里へと拡大し、前漢末にいたって、皇帝・天子が郡国制によって実効的に支配する天下の領域と一致するようになった。これ以後、正史が記述する歴代王朝の国土は、伸縮はあるものの、おおむね方万里で推移する。この方万里の天下を実現したのが、武帝である。『周礼』の天下は、武帝が創りあげた漢帝国を前提にしなければ、叙述しえない政治空間であった。

武帝の財政政策

三輔 - 内郡 - 辺郡の相互作用圏を創りだした要因は、いま述べたように周辺地域への軍事的侵攻であった。この軍事的要因と不可分の関係にあったのは、さきに文学の士が言及した漢代の特色ある財政と財政的物流の編成である。この軍事要因と財政要因は様ざまなひずみをともなって相互作用し、帝国を人口が半減するような混乱におとしいれた。

前一二一年から前一〇五年ごろを頂点とする対外拡張戦争が連年にわたると、腐るほどあった歴代の蓄積財物が底をつき、漢の中央財政は破綻した。武帝は、財政破綻に対応するため、斉の塩商人である東郭咸陽や洛陽の商人の子桑弘羊などを官僚に登用し、前一一九年に塩と鉄器の専売制を実施した。また貨幣の改鋳や各種の増税をおこなって、貨幣の盗鋳者や脱税者を民衆に告発させた(告緡《こくびん》令)。これらの専売・増税政策と密告制度によって、中産層以上の農民・商人が没落し、外征と刑罰適用の拡大によって人口は半減したという(『漢書』昭帝紀賛)。

武帝はまた、前一一五年に均輸法を開始し、前一一〇年には平準法を施行した。その背景にはつぎのような事情があった。

漢代の財政的物流

漢代の百姓は、収穫物の三〇分の一を納める田租、更賦と総称する銭額表示の租税、および力役・兵役を負担した。百姓から徴収した漢代の租税・財物は、まずすべて郡国に蓄えられた。各郡国は、その戸籍に登録した人口数に六三銭を乗じて算出した銭額表示の財物を「賦」とよび、年度末の上計にさいし、貢献物・官僚候補者・財務報告書とともに、これを中央政府に貢納した。「賦」の全国総額は四〇億銭にのぼり、中央政府財政の基本財源となった。

長安を中心とする首都圏三輔は、皇帝一族・中央官僚をはじめとする非生産的人口を中核に約二四〇万人の人口をかかえ、食糧・衣料などの生活諸手段を圧倒的に首都圏の外部に依存していた。また首都圏には宮廷をはじめ一〇〇に近い諸官府や軍隊が集合している。そのため、膨大な行政経費・宮廷経費・軍事経費が必要であった。これらの需要をまかなうために、毎年貢納される「賦」のほかにも、地方郡国から中央へ、蓄積財物や塩鉄専売収益を順調に送達する必要があった。

また戦争を直接負担する辺境諸郡では、安定した行政経費・軍事経費の調達が課題となっていた。辺境諸郡の拡大する行政経費・軍事経費需要は、内郡からの財物調達・輸送を不安定にし、中央首都圏における需要の充足を一層窮屈にした。辺境諸郡と内郡、および中央首都圏が編成する相互作用圏にひずみを生じたのである。辺郡と首都圏における財物需要を安定的に調達するために、とりわけ内郡領域からの財物の輸送改革が焦眉の急になっていた。

前漢期の七大交易圏

財物の中央化にかかわって、この当時もうひとつの問題があった。『史記』貨殖列伝には、武帝期の経済地理を記述する部分がある。それによれば、全国に遠隔地交易の中核となる「都会(交易センター)」が一五カ所あり、それら都会を中核とする①関中圏、②巴蜀圏、③河北圏、④河南圏、⑤夏圏、⑥楚圏、⑦番禺《ばんぐう》圏の七大交易圏が存在した。一五の交易センターを中核とする遠隔地市場交易が戦国期以来発達していた（図19）。

この遠隔地市場交易をになう商人たちが、首都圏における財物需要を見込んで、地方郡国から需要物資を仕入れて中央に輸送し、販売したために、最大の消費者である中央政府の各官府が競争して購入することとなり、首都圏における物価を高騰させるという事態がおこった。すなわち、遠隔地市場交易が財政的物流と競合し、首都圏の経済・財政を混乱させていたのである。こうして、地方郡国で収取・蓄積された租税・専売利益など、諸財物の中央への円滑な輸送と首都圏の物価安定が焦眉の急

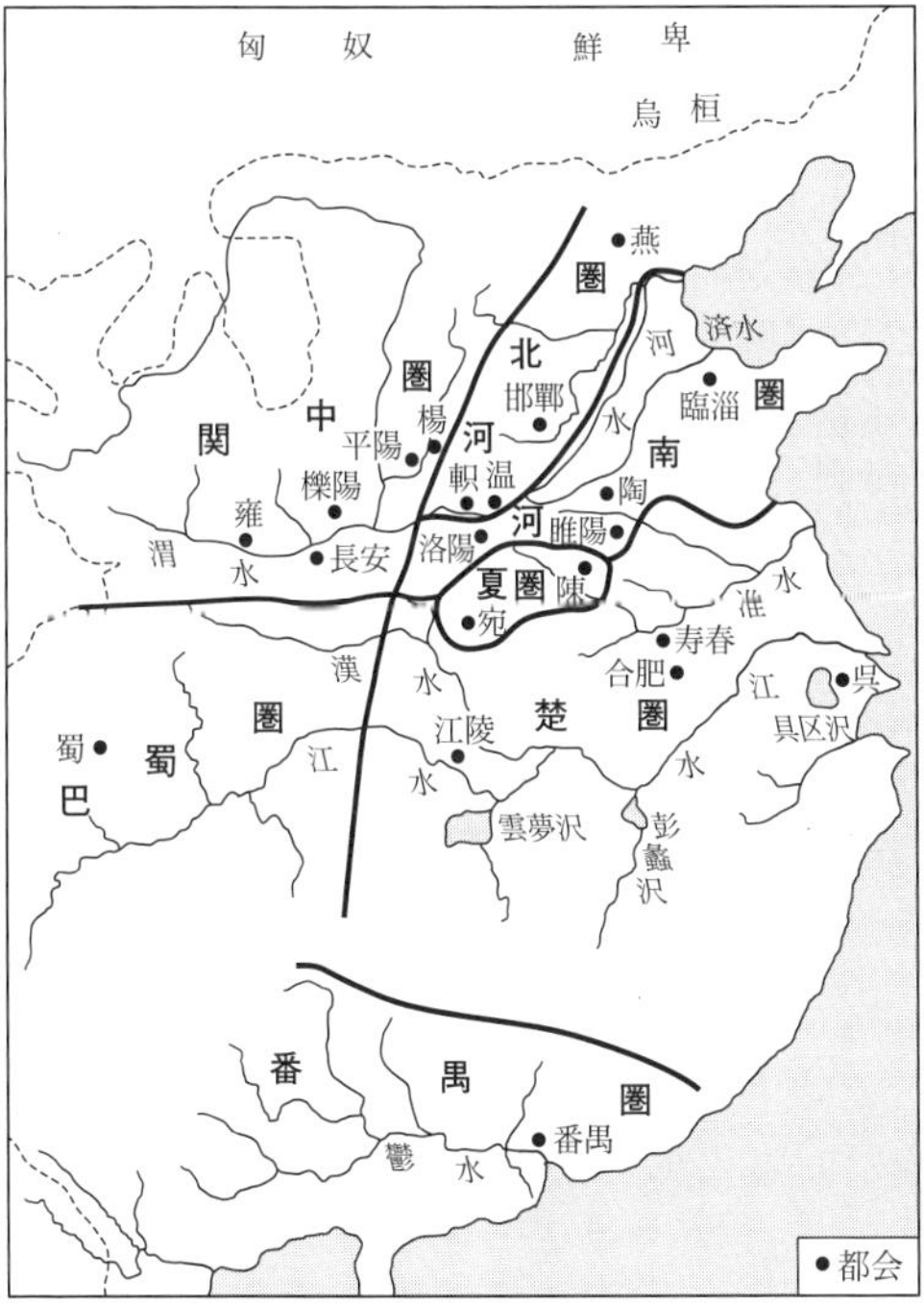

図19　前漢7大交易圏図

となった。

均輸・平準法

前一一〇年、数年前に先行していた均輸改革をふまえて、桑弘羊が本格的に均輸・平準を実施した。均輸とは、たとえば『九章算術』均輸篇冒頭の例題にみるように、一定量の財物をある目的地まで輸送するさいに、輸送を担当する各県の戸数と各県から目的地までの距離とを比例案分し、県ごとに差等をもうけて輸送穀物量・輸送車輛数を公平に割り当てることをいう。一律均等に、各県から同量の穀物と同数の役卒を徴発して車輛輸送させることではない。均の意味については次章でふたたびとりあげる。

世界史の教科書や各種概説は、均輸・平準について、「均輸とは、特産物を貢納させ、その物資が不足している地域に転売する物価調整法。平準とは、物資が豊富なときに貯蔵し、物価があがると売り出す物価抑制法」などと記述している。均輸・平準は、物価問題に矮小化され、あまつさえ国家による商業と理解されている。均輸・平準は、全国的な財物の輸送改革(均輸)と中央首都圏の物価調整(平準)にかかわる政策である。この二つの改革がなぜ必要となったか、その根拠をふくめて問わなければ、その内容を十全に理解することはできない。

桑弘羊が提案した均輸・平準について、根本史料の『漢書』食貨志はつぎのように伝えている。

京師の諸官府が各自競争して物資を買いつけるので物価が騰貴し、そのうえ天下郡国から輸送する「賦」が、その輸送費より少ないばあいもあった。そこで桑弘羊は、大農部丞数十人を設置し、郡国を数十の部域に区分し、各部域に適宜均輸官・塩鉄官を設置すること、遠方の各郡国には、先時に商人が京師に輸送販売していた物資を「賦」として中央に輸送させること、平準官を京師に置き、すべて天下全国土の輸送物資を受領させること、工官を招致して車輛の諸部品を作らせ、その費用を大農府が負担すること、大農府の諸官が天下から運ばれる貨物をすべて独占し、物価が高騰すれば販売し、低下すれば購入すること、かくすれば富商大賈は、莫大な利益をむさぼることができなくなるので農業に返り、万物が騰貴することはなくなること、かくして天下の物価を抑制するので、名づけて平準と言う、と提案した。

ここには、均輸・平準施行の直接的理由とその具体的対策案が記されている。桑弘羊の挙げる施行理由は二つある。第一は、中央諸官府がそれぞれ独自に行政に必要な物資を買いつけるために競争が起こり、官需物資をめぐって物価騰貴が起きたことである。その背景に官需物資を商品とする遠隔地交易商人の商業活動がある。第二は、「賦」とよばれて、地方郡国から中央へ輸送・貢納される銭だての財物にかかわる問題である。「賦」は、百姓の徭役労働によって輸送されたが、中央に運ばれ、納入される財物の価格以上に、輸送費用のかかるばあいがあり、輸送の円滑化・公平化、すなわち均輸が問題になっていた。

二つの課題に対応して、その対策案も二重の構えとなっている。第一に輸送の課題について、大農府（のち大司農と改称。財務官府）は、まず地方郡国を数十の部域に区分し、ひとつの部域ごとに大農部丞一人を配置し、また各部域内の要所の多くに均輸官・塩鉄官を設置して、各部丞のもとに租賦・塩鉄専売の管理と輸送を直接掌握させ、公平な負担になるようにその円滑化を図った。これが均輸法の第一の内容である。このような中央－地方郡国間の垂直的物流は委輸とよばれた。

桑弘羊の提案からはもれているが、均輸法は、財物の中央化にかかわるだけでなく、さきに引用した『塩鉄論』で文学の士が指摘するように、辺郡域の財政需要を補塡するための内郡－辺郡間の物流調整にも適用された。このような各郡のあいだの水平的な物流調整は調均とよばれた。均輸法は、委輸と調均とをつうじて、いにしえの名医扁鵲《へんじゃく》の血流治療になぞらえ得るような財物輸送の円滑化によって漢帝国をよみがえらせようとする施策であった。

第二の課題は、遠方の郡国から首都に輸送される「賦」の内容に関連する。大農府は、中央諸官府が商人から競争で購入していた物資を「賦」に代替して現物で貢納させ、これによって諸官府の需要をまかなわせた。そのために長安に平準官を設置し、これら地方からの財物を受け取らせて管理を強化し、あわせて大農配下の諸官府にこれらの物資を独占的に蓄積させ、官府の需要充足に対応するほか、物価の高低をにらんで蓄積物資の購入・販売をおこない、首都長安周辺の物価騰貴を抑制しようと図った。これが平準の内容である。その結果、山東(河北・河南)の内郡地域から京師への穀物輸送は毎年六〇〇万石増額となり、一年で太倉・甘泉倉が満杯になった。辺郡では穀物が余るようになり、均輸された絹帛は五〇〇万匹にのぼったという。

漢代における物資流通の中核は財政需要および租税輸送にかかわる首都圏－内郡－辺郡間の財政的物流である。この財政的物流の競争者として活動しだした遠隔地交易商人を排除し、すなわち中央と地方との間の財政的物流を七大交易圏からなる市場流通と切り離し、大農府のもとに中央政府の事業として統一的に運営したのが、均輸・平準であった。

均輸・平準法の核心は、百姓の徭役労働を用いて遂行される財政的物流と市場流通とを区別し、商人・市場流通を財政的物流から排除し、市場流通による財政攪乱を回避するところにあった。この原則は、八世紀中葉の唐代開元・天宝年間に、河西回廊で商業流通と結びついた財政的物流がはじまり、北宋期に軍需物資を商人に輸送させて手形を支給する入中法が制度化されるまで、基本的に維持された。

祭儀による天下統合

班固《はんこ》(三二〜九二)は、『漢書』武帝紀の論賛のなかで、五五年間在位した武帝の功績をまとめている。その内容を少しく解説をくわえながら再確認すれば、つぎのとおりである。第一は、第二代恵帝の頃から復活しだした諸子百家の諸学説を退けて儒学を重視したこと、第二は孝廉・賢良などの科目をたてて郡国から人材を推薦させ、官吏登用をはかったこと(郷挙里選法)、第三はこれに関連して太学を設立し、博士弟子員をもうけて、学校の経路からも人材の登用をはかったこと、第四に王朝の徳を土徳とし、これにもとづいて暦を作りなおし、秦以来の一〇月歳首を一月歳首としたこと、第五に度量衡・服飾をはじめとする諸制度を整備し、音律を定めて音楽制度を作ったこと、第六に天地を祭祀する郊祀制度を体系化し、九度にわたる泰山封禅をおこなって百神を祭り、また周の子孫を探しだして顕彰し、総じて漢朝が周の後継王朝であることを明らかにしたことである。

このなかでとくに注目したいのは、始皇帝にならって前後二〇回におよぶ郡国巡行をおこない、巡行先の郡国に宗廟を設立するとともに、各地の神がみを祭祀して、武帝の実現した帝国領域全体を祝福し、武威・威徳を宣布したことである。とくに前一〇六年に挙行し、南巡とよばれた郡国巡行は、盛唐山(安徽省六安県西)・九嶷山《きゅうぎさん》(湖南省寧遠県南)・天柱山(安徽省潜山県西北)など江淮地方の名山・大川を祀り、その地の「物」すなわち神がみを収集し、さらに長江を下って琅邪に行き、大海にはいってその気を集め、それらを泰山で合祀したもので、祭儀による天下統一を明らかにすることとなった。

班固の武帝評価は、礼楽・祭祀、制度改革などの内政に傾いていて、外征による帝国化については口を閉ざしている。武帝紀の叙述の大半は外征で占められているから、明らかに皮肉をこめた評価である。

班固が評価した内政諸改革は、儒家学説にもとづいて一挙にして全面的に果たされたかのようにこれまで理解されてきた。武帝が儒学を国教化したという説もある。それらは過大評価であり、誤解をまねく。郊祀制度や泰山封禅の祭儀は、儒学の教説よりもむしろ巫や方士とよばれる人びとがシャーマニズム系の祭儀によって挙行したものである。武帝が、前一一三年にはじめた河東汾陰の后土祠における祭地郊祀、前一一二年からはじめた甘泉宮の泰一壇における祭天郊祀も、その大半は巫や方士たちが挙行したもので、儒学の礼楽・祭儀によるものではない。これらの祭儀や宮廷で歌い、舞われた音楽は、楚系音楽を中心とする各地の民間音楽であり、雅楽とよびうるものではなかった。儒学にもとづく礼楽祭祀や政治的諸装置はほとんど整備されていなかったのである。

ただ武帝が着手した諸改革は、そのご漢家の故事となって、前漢末の儒学にもとづく本格的な制度改革をみちびき、そのごの中国伝統王朝の国制の基盤を準備することになった。その経緯は、次章でみることにしよう。

古代中国の帝国——貢献制・封建制・郡県制の重層

漢帝国は、どのような意味において帝国とよびうるのか、最後にその歴史的特質を確認しておきたい。

第一に、帝国は、直轄領域を首都圏三輔‐内郡‐辺郡の中心‐周辺構造によって編成するとともに、その外縁にある周辺諸種族に対し、不断に軍事的拡張政策をとって、領土を拡大することをその本質とする。当時の人びとは、この帝国直轄領域を天下とよび、そのうち首都圏三輔‐内郡領域を中国とよんだ。この中国は、前四世紀半ばに孟子が中国とよんだ領域に一致する(四四頁)。それは、こののちのあらゆる中国を一貫する中国の核心領域であった。

第二に、漢帝国の中心‐周辺構造の生成は、内郡領域と辺郡領域との間に地域間分業が形成され、政治的な相互作用圏を生みだしたことに起因する。武帝の軍事的領土拡張にともなって、広大な辺郡領域が形成されると、辺郡は辺境防衛と出撃基地としての役割を明確にすると同時に、軍糧・軍需物資と戦闘員・兵站部門を内郡領域に依存するようになった。内郡領域と辺郡領域とは、中央政府による財政的物流指令と軍役・傜役編成のもとに統合され、首都圏三輔‐内郡‐辺郡として構造化されたのである。武帝期はその絶頂期であり、後述するように王莽期は経書によるその再定義と古典化をめざした時期である。

第三に、帝国領域内では、皇帝は、郡県制によって、戸籍に登録された百姓を直接統治する専制支配をおこなった。皇帝はまた、郡県制支配内部に、郡県を封地とする王国・列侯を封建し、形式的には郡県制に封建制が重層する支配構造を構築した。さらに皇帝は、毎年元日の元会儀礼において各郡国から貢献物と官人となるべき人物を貢納させ、郡国制を基盤とする貢献制を編成した。郡県制と封建制と貢献制の異なる原理にもとづく重層的な支配従属関係を基礎として構築されたのが、漢帝国である。

第四に、帝国領域外の周辺諸族や諸外国とは、戦争による対外拡張によって帝国領域へ編入することを除けば、封建制と貢献制とによってゆるやかな支配従属関係を構築した。周辺諸族に対する封建制は、国王・列侯・将軍などの爵位や軍職をあたえ、形式的にその領地を封土とするもので、貢献物の貢納および祭祀・戦争への支援などの職が課せられた(冊封制度)。帝国領域外の封建制は、帝国領内の封建制同様に形式化しているが、身分秩序をともなう君臣関係が成立するので単純な貢献制よりは皇帝に対する従属の度合いは強い。

第五に、帝国支配層は、帝国領域外からの単純な貢献は、皇帝・天子の徳治が波及する領域を実証するものと理解した。とりわけ珍しい植物・動物・器物の貢献は、天が皇帝の威徳を称える祥瑞であるとみなした。現実には、帝国領域外からの貢献は、不定期に実施されるので、帝国の武力・威徳の盛衰によってその領域は自在に変化した。貢献制は、帝国直轄地の郡国、帝国外部の封建制、帝国外部の単純な貢納関係をつらぬく普遍的な統合原理であり、帝国支配の広大な裾野を構成する。

漢帝国は、直轄領域に対する郡県制、直轄領域の王国・侯国と帝国外部周縁地域の諸国・諸族に対する封建制、および皇帝の文徳・武威のおよぶ全範囲にまたがる貢献制の重層の上に再生産された。この構造は、基本的に隋唐帝国にまでひきつがれ、明清時代にもおよぶ。

第四章　中国の古典国制——王莽の世紀

一　宣帝の中興

武帝の死と宣帝の即位

武帝の晩年、人口が半減したといわれるほど、社会は疲弊のきわみにあった。自然災害もてつだって、前一〇七年には、東方内郡の流民は二〇〇万人を数え、戸籍のない者は四〇万人にたっした。前九九年には、泰山郡や琅邪郡など帝国東方の諸郡で数千人規模の大群盗、あるいは数百人規模の群盗が数えきれぬほど発生した。かれらは郡や県の官府を襲撃し、また郷里社会をも掠奪した。武帝は、暴勝之・王賀など繡衣御史《しゅういぎょし》とよぶ使者を各地に派遣し、郡兵を用いて群盗を鎮圧させた。数年たって、あらかた群盗の首領をとらえたが、根絶するにいたらず、盗賊はまたしだいに増加した。

前九一年の七月、武帝は、療養のため、長安の一二五キロ西北方にある甘泉宮に滞在していた。このとき衛太子劉拠が武帝を呪詛《じゅそ》していると讒言《ざんげん》するものがあった。窮地に立った衛太子は長安で反乱を起こした。丞相劉屈氂《りゅうくつり》(?~前九〇)率いる軍隊と戦闘となり、数万人の死者がでた。衛太子は長安を脱出し、間もなく逃亡先で自殺した。太子一族は、生まれて間もない太子の孫ひとりを除いて滅亡した。

武帝は、前八七年二月、重い病に陥った。かれは、末子で八歳の劉弗陵《りゅうふつりょう》を太子とし、霍光《かくこう》(?～前六八)を大司馬大将軍に任命し、幼い太子を輔佐するよう遺言した。翌日武帝は死去し、太子が皇帝に即位した(昭帝、在位前八七～前七四)。

昭帝の在位期間、大司馬霍光が実権を掌握した。かれは、桑弘羊等財務派官僚をたくみに排除し、租税の軽減や酒専売の廃止などの諸政策をつうじて、武帝時代に生じた様ざまなひずみを調整していった。しかしその途上、あとつぎのないまま昭帝が早逝した。霍光は、昭帝のあとに武帝の孫である昌邑王劉賀を立てたが、荒淫を理由にして間もなくこれを廃位した。かれは、民間でひそかに養育されていた衛太子の孫劉病已《りゅうへいい》をみつけだし、皇帝に即位させた。これが宣帝(在位前七四～前四九)である。

宣帝の中興

宣帝は、前六八年に霍光が死亡したのち、その一族を排除し、実権を皇帝のもとに回復した。かれは民間で育ち、詩経を学び、社会の実態、民衆の困難を熟知していた。そこで儒学や法術にたけた人物を登用し、租税・徭役の削減を実施し、流亡する民衆を故郷に帰還させてその定着をはかった。実際問題にそくした寛大の政治をおこなったので、社会はすこしずつ安定をとりもどした。対外的には、匈奴の内紛につけこんで干渉し、呼韓邪《こかんや》単于《ぜんう》を支持して長安によびよせ、前五一年正月、漢に朝貢させて匈奴との関係を安定させることに成功した。

宣帝は、内政・外政の安定を基礎にみずからの権力の正統性を明らかにすることをめざした。かれは、創業の皇帝である劉邦を高祖とし、呂氏の擾乱が終息したのち即位した文帝を太宗とする宗廟祭祀の系列上に武帝を世宗として位置づけた。宣帝は、高祖・太宗の郡国廟設置と同様に、武帝が巡行した四九の郡国に武帝廟を建造して廟祭した。高祖－太宗－世宗を廟祭することによって、曾祖父武帝・祖父衛太子からの権力継承の正統性を、宣帝はまず明らかにしたのである。班固は、『漢書』宣帝本紀の論賛のなかで、これを「中興」と評価している。

漢家故事と経学

漢は、創建以来、基本的に秦の官制・法制・祭儀を踏襲し、国制を整備していった。その過程で、武帝期から昭帝期にかけて、令・律や祭儀の周辺に「漢家故事」とよばれる先例・旧例が蓄積していた。その内容は、朝政・裁判・祭祀・儀礼・車服制度など国制の全般にわたった。宣帝期の丞相魏相（?～前五九）は漢初以来の故事を編纂し、その編纂故事にもとづいて政務をとりおこなった。宣帝は、とりわけ「武帝故事」を遵守し、武帝がたちあげはじめた国制の整備をすすめた。

昭帝期から宣帝期にかけて、太学の博士弟子員の定員が増加するとともに、また孝廉・賢良などの科目によって郡国から人材を推薦し、貢献する察挙制度（郷挙里選）も拡大し、定着した。儒学の素養をもつ官吏が輩出し、官僚制の底辺を支えるようになった。また『孝経』・『礼記《らいき》』・『大戴礼記《だたいらいき》』などの経書や礼学書の整理・編纂が進み、『春秋穀梁伝』のような経書の注釈書が出現し、複雑になった経書のテキストとその解釈をめぐって様ざまな学派が生じた。

呼韓邪単于が朝貢した前五一年三月、宣帝は、正殿未央宮の北にある石渠閣に博士を中心とする儒家を集め、経書のテキストや解釈の異同について議論させた。参加者は、名のわかる者だけで二三人におよび、提出された議奏は一六五篇にのぼった。太子太傅蕭望之（前一〇六～前四七）らがこれら議奏を評価し、宣帝みずからその是非を決裁した。かれは、儒学興隆の趨勢のなかで、廟祭だけでなく、武帝がはじめた郊祀祭儀、地方巡守、山川祭祀を継承し、儒家的祭儀を導入して国家祭儀を整備するための基盤をととのえた。

宣帝は、儒学を併用したが、国政の重心はなお秦制を継承する法術・刑罰のほうにあった。前六九年の死罪案件は、四万七〇〇〇余人に及んだという（『風俗通義』正失篇）。太子劉奭《せき》（のちの元帝）が、父宣帝にさりげなく「陛下は、刑罰を用いられること甚だ深刻です。儒生を任用されますよう」と提案したとき、宣帝が色をなして「漢家にはおのずから制度があり、もとより霸道と王道とをまじえて用いておる。もっぱら徳教・周政だけを用いるものではない。

……」（『漢書』元帝紀序）と、しかりつけている。宣帝の中興は、法制と礼楽、すなわち覇道と王道をまじえる国制の推進であった。法制と礼楽の併用、その相互補完のしくみは、こののち一世紀あまりをかけて伝統中国の国制の基本原則となっていった。

二　王莽の世紀

古典国制の形成

儒学かぶれの元帝（在位前四九～前三三）が即位すると、宣帝の方針とは異なり、徳教・周政、すなわち儒学を重点的に用いる方向に動きだした。

元帝が即位して間もなく、前四六年、斉詩学派の翼奉が上奏文を提出し、首都を洛陽に遷し、畿内制度をはじめ儒家礼制にもとづいて国制を改革するよう提案した。この上奏をかわきりに、『礼記』王制篇や『周礼』など、儒家の古制によって「漢家故事」を検証、批判しながら、新たな諸制度をたちあげることがはじまった。この国制改革は、王莽（前四五～後二三）が実権をにぎっていた平帝の元始年間（後一～後五）に最高潮をむかえ、王莽の新朝滅亡後、後漢の初代光武帝によってふたたび立ちあげられ、第二代明帝の永平三年（後六〇）に完成した。

その内容は表2「前漢末・王莽期国制改革一覧」・表6「後漢初国制再定位一覧」（一三二頁）

表 2　前漢末・王莽期国制改革一覧

事　項	提案者	提案年次	復活・確定年次
①洛陽遷都	翼奉	初元 3 年(前 46)	光武・建武元年(後 25)
②畿内制度	翼奉	初元 3 年(前 46)	王莽・始建国 4 年(後 12)
③三公設置	何武	綏和元年(前 8)	哀帝・元寿 2 年(前 1)
④十二州牧	何武	綏和元年(前 8)	光武・建武 18 年(後 42)
⑤南北郊祀	匡衡	建始元年(前 32)	平帝・元始 5 年(後 5)
⑥迎気(五郊)	王莽	元始 5 年(後 5)	平帝・元始 5 年(後 5)
⑦七廟合祀	貢禹	永光 4 年(前 40)	平帝・元始 5 年(後 5)
⑧官稷(社稷)	王莽	元始 3 年(後 3)	平帝・元始 3 年(後 3)
⑨辟雍(明堂・霊台)	劉向	綏和元年(前 8)	平帝・元始 4 年(後 4)
⑩学官	王莽	元始 3 年(後 3)	平帝・元始 3 年(後 3)
⑪二王後	匡衡・梅福	成帝期	成帝・綏和元年(前 8)
⑫孔子子孫			平帝・元始元年(後 1)
⑬楽制改革	平当	成帝期	明帝・永平 3 年(後 60)
⑭天下之号	王莽		王莽・居摂 3 年(後 8)
⑮九錫・禅譲		元始 5 年(後 5)	平帝・元始 5 年(後 5)

にみるとおり、宰相三公－尚書体制、都城・畿内制度および地方一二州(牧・刺史)制度、ならびに郊祀祭儀を中心とする宗廟制・明堂・辟雍礼などの諸祭祀・儀礼や車服制度など、行政機構と祭儀・礼楽制度を包括する体系的な国制改革となった。注目すべきは、これまで各地に分散していた宗廟・郊祀壇を宮殿内部や首都長安の外周に集約し、都城を中心に一年周期で様ざまな礼制・祭儀を挙行するようになったことである。礼楽・祭祀制度も、行政制度と同様に、都城を中心に集権的な編成をとるようになった。

　前四六年から後六〇年にかけてのほぼ一世紀にわたる国制改革を主導したのは王莽であり、その国制はつぎの魏・晋にもうけつがれた。それは、後世「漢魏故事」「漢魏旧制」などとよばれ、北魏孝文帝の「漢化政策」、隋初文帝の諸改革を典型に、歴代王朝がたえずたちもどって参照する政治社会のありかたとなった。わたくしは、これを中国における古典国制とよんでいる。

天下観念と生民論

王莽の世紀に現出した古典国制は、天下観念のもとに展開する生民論と承天論を根柢的世界観・政治的秩序原理とする国制である。今日の日本国憲法が国民主権・基本的人権・平和主義を基礎に国のかたちを展開するように、伝統中国の国のかたちは生民論と承天論を基盤にしている。

生民論とは、天子＝官僚制統治による生民・百姓の秩序化の言説である。この考えは、前漢の元帝・成帝劉驁《りゅうごう》（在位前三三～前七）二代の治世期に顕在化した。前一二年、成帝に提出した谷永の上疏は、最も簡潔にこの考えを表現している。

それがしの聞くところ、天は民衆を生んだが、民衆は自ら統治することができなかった。ために天は王者を立て、かれらを統治させたのである。あまねく海内（天下）を統治するのは天子のためではなく、領土を設けて封建するのは諸侯のためではない。みな民衆のためである。人統・地統・天統の循環する暦法を設け、それに対応する夏殷周三王朝を交替させ、無道の天子を除き有徳の天子に委ねて、天下を一姓の私有物としなかったのは、大下はすなわち天下の天下であって、一人の天下ではないことを明らかにするものである、と（『漢書』谷永伝）。

無道の天子を除き、有徳の天子に委任し、王朝を交替させるのは、「天下は天下の天下であって一姓・一家の私有物ではない」という説明は、たとえば「僕は、僕の僕だ」と言うに等しく、主語と修飾語と述語とがまったくの同一であって、なにものも説明していない。しかし、天下を肯定的に三つ重ねた論理をこえる天下の説明は、二重否定以上のはたらきをもって、天の絶対性と王朝をこえる天下の普遍性を前提にする天子・皇帝権力の正当性を説明する論理となった。

またここには、天の生みなした民衆（生民）の自治能力欠如による、天から天子への委任統治とその統治領域である天下の絶対的公共性が述べられている。天からの権力委任と無条件の民衆自治能力の否定は、天子＝皇帝による専制支配の正当化のための政治イデオロギーであった。

このような陳述は、前漢末から後漢にかけて、皇帝自身や官僚たちがくりかえし言及して定着させ、さらに唐代にいたるまで史乗に散見し、皇帝・天子の天下・生民に対する支配の正当性を説明する理論となった。

承天の世界観

この生民論の前提にあるのが「承天」の世界観である。それは、天命をうけた天子・皇帝が、北極星・太極を中心に整然と回転する天の秩序をわがものとし、宗廟・郊祀の祭儀体系を中核とする礼楽制度と三公九卿を中心とする官僚制によって、地上に天下秩序を実現することをいう。たとえば成帝の即位にあたって、丞相匡衡・御史大夫張譚は、郊祀改革の必要性をつぎのように述べている。

帝王の政治にとって、天の秩序を承けることより大切なものはなく(莫大乎承天之序)、天の秩序を承けるには、郊祀より重要なものはない。故に聖王は、心慮を極めつくして、その制度を構築するのです(『漢書』郊祀志下)。

また前二〇年二月の詔勅で、成帝自身も宗廟祭祀にかかわって同様の考えを示している。

朕は、天地の秩序を承け、皇帝として宗廟を維持しているが(朕承天地、獲保宗廟)、聡明さには欠けるところがあり、民衆を安寧になしうる徳もない。刑罰が適切でなく、民衆は冤罪によって生業を失い、闕門に趣いて告訴する者が跡を絶たない。こうして陰陽は調和せず、寒暑が時序を失い、日月は輝かず、百姓はその罪を蒙ることとなった。朕は甚だこれを哀れむ(『漢書』成帝紀)。

ここでは、承天――天の意思・秩序をわが身に受けて実現することと宗廟祭祀の維持とが百姓統治の鍵鑰《けんやく》をなすものと理解されている。漢代の皇帝は、後世の皇帝とは異なり、みずから詔勅を書いた。天の秩序をわがものとして民衆生活を安寧にすることができない政治的無能をみずから表明した成帝は、ある意味、正直である。

皇帝が承天の思惟によって天の秩序を我がものとし、郊祀・宗廟祭祀を護持しつつ、官僚制・諸侯をつうじて政治支配をおこなうという言説は、成帝に固有のものではなかった。承天の思惟は、前漢武帝期以後、天地自然と人間社会とが相互に深く関連するという、天人相関説を説く董仲舒《とうちゅうじょ》らによって言及されはじめ、元帝・成帝期には多くの官僚が言及するようになった。

こののち清朝にいたるまで、各王朝は、生民論・承天論にもとづいて郊祀・宗廟をはじめとする礼制・祭儀を挙行し、天からの委任にもとづく天下・生民統治の正当性を実証しようとしつづけた。その世界観と政治イデオロギーは、後漢洛陽城以後の宮城・都城構築の設計構想となり、今日の北京の故宮、およびその周回に点在する天壇や地壇等の祭祀壇にまでその姿をとどめている。

皇帝は、生民論と承天論を統一的秩序原理・世界観として、「天下は天下の天下」であるという絶対的公共空間たる天下と生民とを統治した。その具体が元始年間を中心に成立した郊祀・宗廟祭儀を中核とする一五項目に及ぶ改制であった。

民衆の世界観

成帝在位期間の二十数年には、天文の異変や災害が群発した。それは、『春秋』が記載する二四二年間の災異の数より多いといわれるほどであった。また成帝には子がなく、嫡流が絶えた。傍系から元帝の孫・定陶王劉欣《りゅうきん》(哀帝、在位前七～前一)が入って皇帝位に即いた。その哀帝にも子がなく、短命におわったので、さらに傍系から元帝の孫・中山王劉衎《りゅうかん》がむかえられた(平帝、在位前一～後五)。宣帝の中興後、極盛期にあったにもかかわらず、災異の多発と安定しない皇帝位の継承によって、社会にはなにげなく不安がただよい、救済の方途が模索されるようになった。

哀帝治世の、前三年春、大旱魃がおきた。正月から三月にかけて、東方内郡の民衆が騒ぎだした。かれらは、「縦目人が来るぞ」とさけび、西王母到来のお告げを回し、一群数千人の規模で、ザンバラ髪に素足で行進したり、車や騎馬で駆けめぐったりした。民衆は、東から西へ二六の郡国をめぐり、そのあと長安に向かった。その夏、長安の民衆と合流した郡国の民衆は、街中の所どころで、天地宇宙を模した博具(双六盤)を設け、歌舞して崑崙《こんろん》山に住む西王母を祭った〔図20〕。崑崙山は、中国の西方、世界の中心にある。その西王母がくだしたお告げの書きつけには「母は百姓に告ぐ、このお告げを身に佩《お》びるものは不死身となる。お告げを信じぬものは、門の枢《とぼそ》の下を見よ。白髪を見つけるであろう」とあった。生活の安定と不老長寿をねがう西王母運動も、収穫期の秋になるとやがて終息し、騒擾はおさまった。皇帝の信じる生民・承天論と民衆の期待する西王母の世界観とは、ほとんどまじわるところがない。

王莽の登場

元帝の皇后王政君（前七一〜後一三）は、成帝の産みの母であった。その祖父王賀は、もと東平陵（山東省歴城県東）の人で、武帝の時代に繡衣御史となった。かれは、魏郡の群盗を取り締まったが、むやみに盗賊を誅殺しなかった。このため、武帝の委任に応えられなかったことを理由に免官となった。そののちかれは、仇敵を避けて魏郡元城県（河北省大名県東）委粟里に移住した。やがてその地の郷三老となり、魏郡の人びとから慕われたという。息子の王禁は若くして長安に遊学し、法律を学んで廷尉史（検察・裁判をつかさどる官府の下級書記官）となった。

図 20　西王母図．龍虎座の上に西王母が座っている．その前にはヒキガエル，左には九尾狐，仙薬をもつ白兎，右には武器をもつ大行伯，三足烏の従者が描かれている．

王禁は、四女八男をもうけた。その次男が王莽の父王曼であり、次女が元帝の皇后となった王政君である。

外戚となった王氏一族は、成帝期に五人の大司馬と九人の列侯を輩出し、政治の実権をにぎった。しかし、はやくに父を亡くした王莽はとりのこされた。かれは、身を慎んで礼経の勉学にいそしみ、すぐれた人物と交際し、伯父・叔父たちに礼意をこめて仕えた。王氏は法吏の家系であったといえる。しかし王莽は、礼楽に励む儒家に転身した。王莽は、伯父である大司馬王鳳(?〜前二二)の推薦で黄門郎に任官し、前一六年五月には、新都侯に封じられた。新の王朝名はここに由来する。

前八年、王莽は、四人の伯父・叔父の後をうけ、大司馬を拝命して輔政した。しかし翌年成帝が死去し、哀帝が即位したため、職を辞して封国の南陽郡新野県都郷におもむいた。哀帝の短い治世期に王氏一族はやや逼塞したが、哀帝が早世すると、伯母である皇太后は、ただちに王莽を大司馬・領尚書事に任命し、中山王劉衎をむかえて皇帝に即位させた。その平帝は九歳であったため、太皇太后が朝廷に臨み、政務は大司馬王莽が掌握した。

王莽は、すでにみたように平帝の在位期間である元始年間を中心に、元帝期に始まった儒家礼制による本格的な祭祀・礼制改革を推進し、皇帝・天子を頂点とする国制をあらまし完成した。儒家的素養をもつ多くの列侯・官僚たちが王莽を支持し、紀元後五年五月には、高級官僚・列侯等九〇二人の提案により、王莽に宰衡の官職と九つの威信物（九錫）が授けられた。王莽はこれまでにない人臣最高の地位にのぼった。

その年一二月、平帝がにわかに死ぬと、王莽は、傍系から三歳の劉嬰《りゅうえい》を選んで即位させ、自らは仮摂皇帝に就任した。やがてかれは、劉嬰から権力を移譲させ、後八年、真天子に即位した。やや長いので、省略を加えたその詔勅を参照しよう。

予は、不徳の身ながら、黄帝の子孫、虞帝《ぐてい》（舜）の末裔であり、しかも太皇太后の一族である。皇天上帝（天）は、……神としてお告げを下し、予に天下の民衆を委ねられた。赤帝たる漢朝の高祖皇帝劉邦の霊も、天命を承けて国を譲ると記した金策の書を予にお授けになった。予は、甚だ畏れ慎み、お受けせざるをえなくなった。

この吉日戊辰の日に、土冠をかぶり、真天子の位に就き、天下を領有する称号を定めて新と称する（定有天下之号曰新）。暦を改定し、法服の色を替え、祭祀の犠牲・旗指物・儀礼用器物の色を変えよ。（白統の暦を採用し）一二月朔日の癸酉の日を建国元年正月朔日とし、鶏鳴《けいめい》時を一日の始まりとせよ。法服の色には土徳によって黄色を尊び、犠牲の色には白統によって白色を用い、使節の旗指物はみな純黄色とし、そこには「新使五威節」と書きあげよ。かくして皇天上帝の威命を承けたてまつる（『漢書』王莽伝上）。

ここには、まず天から天下・民衆統治を委任されたこと、漢の高祖から国を移譲されたことを記してある。王莽は、天下・民衆支配の正当性が天・天命に由来すること、またその正統性が漢の創業者からの権力移譲によることを宣言し、天下を領有する称号として新という王朝名を定めたのである。王朝名は、このとき中国史上初めて天下を領有する称号であると宣言された。のちに宋朝・明朝の創業に際し、正史は同様の文言を明記し、天下を領有する称号として王朝の名前を定めている(『宋史』太祖本紀、『明史』太祖本紀二)。また、ここに記される①天命の移行(革命)、②天子即位、③国号制定、④改元、⑤暦と服色の改定は禅譲とよばれ、平和の裡に権力が移行する型式となった。漢魏革命が王莽の、この禅譲型式を踏襲したため、のちに「漢魏の故事」とよばれ、歴代王朝の創業時の模範となった。

三　王莽を生みだす社会

「均田制」の発見と崩壊

王莽の国制整備は、どのような社会のなかから生みだされてきたのだろうか。

西王母運動が長安をめざしていた前三年三月、長安では哀帝がおきにいりの侍中董賢《とうけん》(前二二～前一)等三人を列侯に封じ、あまつさえ董賢には二〇〇〇余頃もの広大な田土を賜った。一頃＝一〇〇畝が小農民の標準占有田土であるから、とほうもない額である。都城長安の面積でさえ九七三頃であった。これは、前年におきた東平王劉雲と王后謁《えつ》夫妻による哀帝呪詛と謀反の計画を告発したことへの褒賞であった。この事件は、董賢等を引き立てようとする皇帝ぐるみの冤罪事件であった。

異常な寵愛ぶりを怪しんだ丞相王嘉(?〜前二)が上奏し、寵愛をひかえて、のちのち董賢が身をまっとうできるよう諫言した。そのなかで二〇〇〇余頃の田土を下賜したことについて、王嘉は「均田の制、此れより堕壊す」(『漢書』王嘉伝)と抗議している。「均田制」が前漢末に崩壊したとは、いかなることであろうか。

北宋以後の歴史家が記述しはじめ、どの歴史教科書にも記され、今日までだれも疑義をはさんだことのない明明白白の「均田制」は、北魏が五世紀末に創始し、八世紀中葉の唐代半ばまでつづいた、庶民百姓に対する一〇〇畝=一頃の田土授受の制度である。その「均田制」が前三年に崩壊したのは、いかにも奇異である。しかし丞相王嘉の抗議は疑いえない。疑うべきは北宋以後の歴史記述のほうである。

管見の限り、最初に「均田制」を記述したのは北宋の司馬光(一〇一九〜一〇八六)である。司馬光は『資治通鑑』唐武徳七年(六二四)四月条に武徳七年令の発布にことよせして、「初めて均田租庸調法を定む」と標記し、以下に丁男・中男に対する一頃の給田と租庸調収取の規定とを不可分の制度のごとく記述する。「均田租庸調法」は、司馬光の造語であり、史料のことばではない。

唐代に編纂された史料には、唐代の丁男給田制を「均田制」と記述するものはない。たとえば、律令格式の条文を再編集して、八世紀半ばの唐人がみずからの国制を記述した『大唐六典』三〇巻には「均田制」の文字はない。庶民百姓に対する田土授受をふくめてこれを「給田之制」とよび、その具体を記述する。また新発見の北宋天聖令から復元できる唐の開元二五年令田令・賦役令はいうにおよばず、天聖令のなかにのこる唐令に均田の文字はない。唐令を基本的に継承した日本令にも均田の文字はなく、班田・給田とよんでいる。王嘉がいう「均田之制」とは何であろうか。

「均田之制」とは

三国時代の人孟康は、『漢書』王嘉伝の「均田之制」を解釈し、「公卿より以下、吏民に至るまで、均田と名づけて、それぞれ頃単位の田土を保有し、品制(階層)のなかで均等にすることである。このたび董賢に二千余頃を賜ったので、その等級制を破壊してしまったのである(自公卿以下、至於吏民、名曰均田、皆有頃数、於品制中令均等。今賜賢二千余頃、則壊其等制也)」と述べている。均田とは、高級官僚から下級吏員・庶民にいたるまでの階層的土地保有であり、それぞれの品制＝身分階層に応じて土地保有面積数を規定することである。

表 3　中国古代の身分制的土地所有

漢・二年律令		西晋占田制・采田制			南斉占山制		開元二十五年令田令		
爵号	受田	官品	占田	采田	官品	占山	爵	職事官	永業田
⑳徹　侯	—	一品	50	10	一品	3	親王		100
⑲関内侯	95	二品	45	8	二品			正一品	60
⑱大庶長	90	三品	40	6	三品	2.5	郡王	従一品	50
⑰駟車庶長	88	四品	35	—	四品		国公	正二品	40
⑯大上造	86	五品	30	—	五品	2	郡公	従二品	35
⑮小上造	84	六品	25	—	六品				30
⑭右　更	82	七品	20	—	七品	1.5	県公	正三品	25
⑬中　更	80	八品	15	—	八品			従三品	20
⑫左　更	78	九品	10	—	九品	1			15
⑪右庶長	76						県侯	正四品	14
⑩左庶長	74						県伯	従四品	11
⑨五大夫	25								10
⑧公　乗	20						県子	正五品	8
⑦公大夫	9								7
⑥官大夫	7								6
⑤大　夫	5						県男	従五品	5
④不　更	4								4
③簪　裊	3							六品・七品	2.5
②上　造	2							八品・九品	2
①公　士	1.5								0.8
									0.6
士　伍 公　卒 庶　人	1頃	庶人	1頃 (男子 0.7) (女子 0.3)		百姓	1頃	丁男	口分田 0.8	0.2
司　寇 隠　官	0.5						雑戸 官戸	0.8 0.4	0.2 —

王嘉が指摘し、孟康が解説する「均田之制」は、漢初にはその実体が存在した。それは、新発見の「二年律令」(呂公二年、前一九三)に規定するような爵制的土地所有であり、二〇等爵制の差等にもとづいて給田額を異にする田制である〔表3〕。給田の基礎は庶民無爵者の一頃(分田)であるが、爵位が上昇するにつれて保有田土は大きくなる。給田は、戸籍を作ったときに一度だけおこなわれた。土地の売買は許されたが、売りわたした土地の補塡はされなかった。この爵制的土地所有は、商鞅第一次変法の爵制的秩序の形成と第二次変法の阡陌制とに淵源する。

漢初の「均田制」(爵制的土地所有)は、庶民無爵者の一頃(分田)保有を基盤とし、関内侯の九五頃を最大限とする給田制であった。列侯(徹侯)の爵位をもつとはいえ、董賢が二〇〇〇頃の田土をあたえられれば、だれしも「均田制」の崩壊を嘆かざるをえない。

戦国末漢代の農村社会

爵制的土地所有の規定とはべつに、給田後の土地売買は認められたから、戦国末漢初の社会には、農民の階層分化がかなり進行していた。当時の人びとは、それを大家、中家・中産、貧家の三階層によって表現した。この階層は、田土をふくむ家産の銭額評価によって区分された。その標準は、家産一〇金(一万銭)であり、これを中家・中産層の指標とした。おおまかにいえば、中家は、家産評価額五〜一五金前後、耕地一〜数頃を保有し、その上層には奴隷を一、二名もつものもあった。かれらは数十家からなる里の半数ちかくを占めた。貧家は家産数金、保有地一〇〜数十畝、里の半数から大半を占めた。大家・富豪層は少数で、里をいくつか集めた郷、あるいは県次元の存在である。かれらは、数頃〜数百頃の土地を保有し、なかには数十名から数百名にのぼる家内奴隷、労働奴隷を所有するものもいた。

武帝期にはいると、たびかさなる対外戦役や財政政策のあおりをうけて中産層が没落し、土地売買が激化しはじめた。前漢末の成帝期には、国王・列侯や高級官僚・富豪層による土地の集積が眼に余るようになり、貧家層とのあいだに大きな亀裂を生じていた。哀帝即位の前七年には、官人・富豪層の土地所有を三〇頃に制限する「限田策」が議論された。しかし哀帝の外戚や董賢等の反対にあって沙汰やみとなってしまった。爵制的土地所有の階層秩序に深刻な崩壊現象が生じていた。

商鞅の阡陌制を基礎とする爵制的土地所有が危機に瀕していた前漢末に、董賢への途方もない賜田をきっかけとして、王嘉は、はじめてそれが「均田之制」の崩壊であることを発見したのである。ここであらためて、王嘉のいう「均田」・均の意味を問うことにしよう。

民衆の平均秩序――任安と陳平

「均田之制」の根柢にある差等の均は、平均・均平・均・平によって表現される。平均は、雨がすべての人に均等にふるように一律均等をあらわすこともある。一般にはこの意味で使われる。しかし、少し観察してみると、一律とは正反対の差等・区別・次序を均平は含意することが多い。この差等を根柢にもつ均平は、階層分化と社会的流動性の高い前漢の農村社会を維持していく実践的思惟であった。その典型的な事例をふたつ紹介しよう。

まず武帝期の任安《じんあん》の事例がある。『史記』田叔列伝の末尾には、宣帝期の褚少孫《ちょしょうそん》が増補した任安の話がのこっている。以下はその意訳。

「任安は、滎陽《けいよう》県(河南省滎陽県北)の人である。幼くして父を亡くし貧困であった。人に雇われて車を牽き、長安に行った。長安に留まり、仕えて小吏になろうとしたが、コネがなかった。そこで武功県(陝西省郿県東)に戸籍を登録申請した。武功県は、扶風郡の西界にある小さな県である。谷口には蜀につうじる桟道があり、山にへばりついている。任安は、武功は小県で、富豪層がおらず、出世しやすいと考えたのである。任安は、武功県に留まり、人に代わって警察・交通業務を担当する亭卒となり、後に亭長となった。県中の人民がそろって狩猟にでかけると、任安は常に人びとのために麋《おおじか》・鹿・キジ・ウサギ等の獲物を分配し、老人・年小・丁壮の担当箇所を難易度によって部署した。衆人みな喜んで謡う、損ない無きは任少卿、分配平均にして智略あり、と……」

孤独貧困の流れ者が首都圏の西端にある小県に戸籍登録し、亭卒、亭長、のちに郷三老、県長と成りあがっていく様子が記されている。そこには貧富の格差と高い社会的流動性のある戦国前漢期の社会構造がある。その中で出世するきっかけとなったのが、差等をつけた獲物の公平な分配であり、年齢階梯を区別して難易度を異にする人員配置であった。人びとはこれを「分別平らかにして知略有り」と謡った。この平は、差等・区分・次序をふくむ均平である。

前漢武帝期には、民衆次元で差等の均が共有されていたのである。

ちなみに任安は、のちさらに出世して北軍使者(禁軍司令官)となり、衛太子の反乱に加担した。太子が敗退すると、かれは捕らえられ、獄死した。

もうひとつ、前漢初期の宰相陳平(?~前一七八)の事例をあげよう。『史記』陳丞相世家につぎのようにある。「丞相陳平は、陽武県戸牖《こゆう》郷(河南省開封県東北)の人である。若いころ家は貧しかったが、読書を好み、三〇畝の土地を耕し、兄の伯と暮らしていた。……成長して妻を娶るべきときがきたが、富者は娘を嫁がせようとはせず、貧者の娘を娶ることは、陳平の気がひけた。そうこうするうちに、戸牖郷の富者で張負なる者がおり、その孫娘は五たび嫁いでそのたびに夫を亡くし、誰も娶ろうとするものがいなかった。陳平はこれを娶ろうとした。……張氏の娘を娶ったのち、陳平の財産は益ます豊かになり、交際範囲は日ごとに拡大していった。

戸牖郷庫上里の里社の祭りに、陳平は宰（宴会料理差配）となったが、肉や食物の分配が甚はだ「均」であった。里の父老が言った、見事なものだ、陳の若造の宰ぶりは。陳平が言った、ああ、私に天下を裁かせれば、またこの肉のとおりなのだがなあ」（意訳）。

この話は、統一秦朝のことである。すでに郷里社会には貧富の懸隔が存在し、陳平は、三〇畝の土地を耕作する兄とともに暮らす貧農であった。富者との婚姻を機に成りあがっていく陳平の姿は、戦国前漢期の社会的流動性の高さを如実にもの語っている。里社の祭祀における陳平の采配は、一律均等に祭肉・食物を分配したと理解するよりも、やはり貧富・貴賤・長幼の次序を斟酌して「均等」に、すなわち差等を設けて公平に分配したものとみるべきであろう。個別均一に分配することは、子供でもできる。父老が感嘆することはない。

差等の均は、郷里社会の狩猟・祭祀、すなわち経済と礼制にわたる分配の原則であり、展開すれば、財政的物流における均輸・調均など、国家の財務運営や王朝儀礼の実践原則になり、陳平のつぶやきにみるように究極的には天下を統治する「天下均平」の理念にもなった。均・均平は、貧富の格差が確かに存在し、社会的流動性が高い漢代の社会構造のなかで、制度を設けて差等・次序の制約をつくり、均衡・調和のある平均秩序を創発するための根柢的原則であったと言える。「均田之制」はこのような社会を基盤にして発見されたのである。

社会のなかにこのような均平秩序意識が存在するかぎり、「均田之制」は不断に再建がこころみられる。そのしだいはのちにあらためて見ることになるであろう。

四　後漢の古典国制

王莽新朝の国制

即位後の王莽は、『礼記《らいき》』王制篇や『周礼《しゅらい》』などの儒家経典を典拠とする諸改革をあいつぎ実行した。しかし、現実にそぐわない貨幣改鋳や専売制などの経済政策は、かえって社会を混乱におとしいれた。ただ、混乱をともないながらも、後世の国制の基礎となる制度も作っている。それは畿内制度と州牧制度である。

王莽は、後一四年、『周官(周礼)』・『礼記』王制篇ならびに『尚書』禹貢篇などの経書によって、前漢以来の地方制度を再定義した。王莽は、まず『尚書』禹貢篇の九州によって天下全国土を九州に分割し、各州に長官として州牧を置いた。さらに天下を一二五郡に分割し、各郡には卒正・連率《れんそつ》・大尹《たいいん》など漢の太守に相当する長官と属令・属長など都尉に相当する武官とを設置した。また郡と州との間には、部監とよぶ二五名の監察官を置き、一部監あたり五郡ずつを監察させた。郡の下には全国土に二二〇三県を設置し、県宰を長官とした。州牧以下属長に至るまでの官職には、大尹を除いて、五等爵をもつ官人を任命し、世襲させた。これは、郡県

表4　王莽新の地方制度

漢代相当官職	新代官職名	数	担当官爵位	備　考
州刺史	州　牧	9	公	天下九州
郡太守	卒　正 連　率 大　尹	125	侯 伯 無爵者	天下 125 郡
郡都尉	属　令 属　長	125	子 男	
——	部　監	25	上大夫	1 部監 5 郡
県令・県長	県　宰	2203		天下2203県

制を世襲制の封建制と融合させるものである（表4「王莽新の地方制度」）。

王莽はまた、九州の中心に「邦畿」とよばれる畿内制度を作った。九州の中央一州には、西都常安（長安）と東都義陽（洛陽）とを設置して両都制を採用し、両都周辺に六尉《りくい》郡（前漢の三輔を六郡に分割）・六隊《りくすい》郡（前漢の河東・河内・弘農・滎陽・潁川・南陽郡）を設置して「邦畿」とよび、さらにその周辺の一三郡を配して、すべて二五郡からなる特別行政区を編成した。中央一州二五郡は、別に中部・左部・右部・前部・後部の五部制に編成した。王莽は、この特別行政区を『礼記』王制篇の「天子の県」、『周礼』の「王畿」に相当する領域、すなわち畿内として位置づけた（表5「王莽新の畿内制度」）。莽新の畿内制度は、現実の統一国家体制における最初の制度化であり、後世の畿内制度の祖型となった。とりわけ、隋唐両王朝の両畿制の古典的制度となった。

経書による国制の再定義は、郡県制と封建制の両者を結合しておこなわれた。この点において、王莽の地方制度は、前漢の政治秩序の延長線上にあり、それを経書の名において徹底した

表5　王莽新の畿内制度

都邑名	近　郊	内郡(郡名)		五部制	備　考
常安西都(長安)	六郷(郷帥) 各郷10県 60県	六尉郡 大夫(太守) 属正(都尉)	京尉・扶尉 翼尉・光尉 師尉・列尉	右部5郡 左部5郡 中部5郡 前部5郡 後部5郡	畿内1州 25郡
義陽東都(洛陽)	六州(州長) 各州5県 30県	六隊郡 大夫(太守) 属正(都尉)	兆隊・右隊 左隊・前隊 祈隊・後隊		

ものである。まず天下九州の内部にある郡県制、すなわち一二五郡、二二〇三県について言えば、王莽は、中央一州(畿内)の二五郡を内郡と位置づけ、その外側にある諸郡を近郡と規定し、さらに近郡の外に位置し、城塞のある諸郡を辺郡とよんでいる。これは、明らかに前漢の首都圏三輔－内郡－辺郡からなる中心－周辺構造を再定義したものである。

ただこの再定義も新朝の聖数である五を無理にあてはめて天下一二五郡に再編し、『周礼』にあわせて両畿を西都六郷六〇県、東都六州三〇県とし、前漢の約一五〇〇県を二二〇三県に細分し、さらに郡県ともに名称を改変するなど、現状を無視した再編をおこなった。このため、他の諸制度ともども多くの混乱が生じた。その混乱はいずれ再調整する必要があった。それは、後漢による古典国制の再定位によって果たされた。

後漢の成立

王莽の末年、帝国東方や南方長江中流域で大飢饉が起こり、後一七年の秋ごろから各地で群盗が蜂起した。また王莽の政治に限界を感じた人びとは、漢王朝の再興をかかげて各地で反乱を起こし、帝室劉氏一族も多くの反乱に加わった。

南方の群盗には緑林とよぶ集団から展開した下江兵・新市兵・平林兵の諸集団があり、平林兵のなかから宗室の劉玄(?～二五)が台頭した。後二三年二月、群衆にかつがれた劉玄が帝位に即いた。かれは更始と改元し、百官・列侯を置き、宛《えん》城(河南省南陽県)に都を置いた。長安ではこの年九月、王莽が長安の民衆を主体とする反乱軍によって殺害され、新は滅んだ。一〇月、更始軍は、進んで洛陽を都とし、後二四年二月、さらに長安に入城し、三輔を平定した。しかし十分な体制を整えるまでにはいたらなかった。

帝国東方では、赤眉《せきび》・青犢《せいとく》・銅馬《どうば》等の群盗、反乱が起こった。赤眉軍は、黄色の旗印をかかげる王莽軍とまぎれるのをきらい、眉を朱に染めて漢に左袒することを表明した。赤眉軍は、更始軍との合流をはかったがはたせず、後二四年冬、一転して長安遠征に向かった。連戦連勝のうちに衆人を集め、赤眉軍は三〇営三〇万人にたっした。後二五年六月、赤眉は、軍中にいた漢の一族劉盆子をくじ引きで選び出して皇帝位に即け、その九月長安に入城した。このとき長安近隣にいた更始軍をはじめ各地に皇帝が乱立した。

高祖から数えて八世の孫である劉秀は、はじめ更始軍の反乱に加わっていたが、やがてたもとを分かった。かれは、銅馬軍をはじめ、河北の諸勢力を平定しながら、後二五年六月、洛陽にはいって都とし、自ら皇帝に即位して建武と改元した。そのご二九年までには、長安の赤眉・更始軍をはじめ、各地の混乱をしずめて実質的に天下を統一した。

古典国制の再定位

光武帝劉秀（在位二五〜五七）は、即位後、統一戦争を進めるかたわら、王莽が前漢末までになしとげた国制改革をふたたび順次立ちあげていった。それは、つぎの明帝劉荘（在位五七〜七五）の初年、後六〇年にいたり、あらたな制度を組みこんで完成した（表6）。元帝期から明帝期初年にいたる、ほぼ一〇〇年のあいだにできあがった儒家的祭祀・礼楽制度・官僚制の骨格は、天下を領有する名前とともに、清朝にいたるまで継承された。のちの諸王朝は、漢を模範と仰ぐことが多い。その漢は、前漢ではなく後漢の国制であり、それは事実上王莽がつくりあげたものである。三国の魏がこの体制を踏襲したので、のちにはこれを「漢魏故事」「漢魏之法」「漢魏之旧」とよび、東晋南朝ではあるいは「漢晋の旧」「魏晋故事」などとよんだ。

漢代の令・律・礼楽は、「漢家故事」の広汎な基盤のうえに、儒家経典による検証と批判をへて構築された。莽新の滅亡後、建武・永平年間に再び定位された元始年間の諸改制は、あらたな制度をまじえて光武帝期の『建武故事』、明帝期の『永平故事』に展開し、章帝期以後の後漢期国制の基盤となった。膨大な「漢家故事」のなかから祖宗の故事となる『漢建武律令故

表6　後漢初国制再定位一覧

事　項	再定位年次	備　考
①洛陽遷都	建武元年(25)10月	
②畿内制度	後漢初	司隷校尉部設置
③三公設置	建武元年(25)7月	
④十二州牧	後漢初	建武18年(42)州刺史に改制
⑤南北郊祀	建武2年(26)南郊	中元2年(57)北郊
⑥迎気(五郊)	永平2年(59)	
⑦七廟合祀	建武26年(50)禘祫祭祀	建武2年(26)正月昭穆定位
⑧官稷(社稷)	建武2年(26)社稷	
⑨辟雍(明堂・霊台)	中元元年(56)明堂・霊台・辟雍	
⑩学官	建武2年(26)京師学官	建武5年(29)10月太学
⑪二王後	建武2年(26)5月周承休公	建武5年(29)2月殷紹嘉公
⑫孔子子孫	建武14年(38)4月褒成侯	
⑬楽制改革	永平3年(60)8月大予楽	東平憲王劉蒼等公卿会議
⑭天下之号	建武元年(25)	再受命により漢を継承
⑮九錫・禅譲	(延康元年(220)11月)	漢魏故事
⑯郷飲酒礼	建武3年(27)	伏湛提案
⑰四時礼(読時令)	建武年間	侯覇提案
⑱冠冕・車服制度	永平3年(60)8月	東平憲王劉蒼等公卿会議

事』三巻、『建武故事』三巻、『永平故事』二巻が撰定され、のちの諸王朝が参照すべき規範となっていった。わたくしは、後世の諸王朝にあってたえず参照されるべき国制であったという意味で、これを伝統中国における古典国制とよんでいる。

後漢の国家機構

王莽の世紀をつうじて儒学を基盤にする国制が整った。これを具体的に表現するのが、後世に漢制とよばれる後漢の国家機構である。ここでその

図21　護烏丸校尉幕府図．幕府東門にそって，下部(西側？)に無名曹，右賊曹，左賊曹，尉曹，右倉曹，左倉曹，南に功曹，上部(東側？)に金曹，閤曹，塞曹の屋舎が描かれている．各曹屋舎内には案(デスク)と官吏が描かれている．

概略と特徴をみておこう。秦漢期の国家機構を構成する基本単位は、官府である。中都官とよばれる後漢の中央政府には、洛陽の都城を中心に約一〇〇官府、郡県の地方政府には約一三〇〇官府があった。

基本単位の官府は、漢代の比較的大きな屋敷と同一の構造をもつ建造物である。建造物の南面には中庭をとりかこんで曹とよぶ房屋を配置し、吏員の執務室とする。その北側中央には官府長官の執務する家屋があり、その奥は閤門《こうもん》でしきられ、官長の私的住居がある。官府は、それ自体が独立したひとつの家であった〔図21〕。

官府は、いくつかの曹(部局)で構成され、三種類の人員が勤務した。第一は、皇帝の直接任命をうけて官府全体を指導する命官であり、官府長官・次官のほか、数名の副官がいる。第二は、各曹の長である掾、次官である属・史、吏員である書佐・小史・幹などであり、行政事務を職務とする。かれらは、属吏・小吏とよばれた。第三は、官府内部の日常的な労役を担当する卒であり、労役内容によって伍伯・鈴下・侍閤・街里走卒・亭卒などの名称をもち、百姓から義務的に徴発された。

後漢の官吏は、全体で一五万二九八六人であり、皇帝一族とともに支配階級を構成する。そのうち皇帝から直接任命される命官は七五七六人(中央官一〇五五人、地方官六五二一人)、構成比約五%である。のこる属吏(中央一万四二二五人、地方一一万一六四七人)は、各官府長官が人事をおこなった。命官と属吏は、中央官府には一官府あたり数十名から百数十名、地方郡府には数百名が勤務した。

後漢のみならず、漢代の国家機構の特徴は、これら諸官府が比較的独立性の高い機構として存在すると同時に、官府のゆるやかな連合体組織を編成して行政職務を遂行したところにある。諸官府は、統率官府とそれに下属するいくつかの官府によって連合体を編成し、特定の行政を遂行する。この官府連合がさらに重層的にくみあわされて、官府連合の重層体系としての国家機構がたちあがる。その具体を以下に述べよう。

中央政府は、宰相府である司徒・司馬・司空の三公府のもとに、特定行政を担当する三つの官府を配置した(三公九卿制)。三つの各官府の下にはさらにいくつかの専門行政を担当する官府が下属し、官府連合体を編成した〔図22〕〔図23〕。九卿のほかにも将作大匠（土木建築）などの単独作事官府や、執金吾（都城警備）・城門校尉（城門警備）・北軍中候（禁軍）などの軍事警察系官府があった。このように中央政府は、三層に重層する官府連合体を中核に編成された。

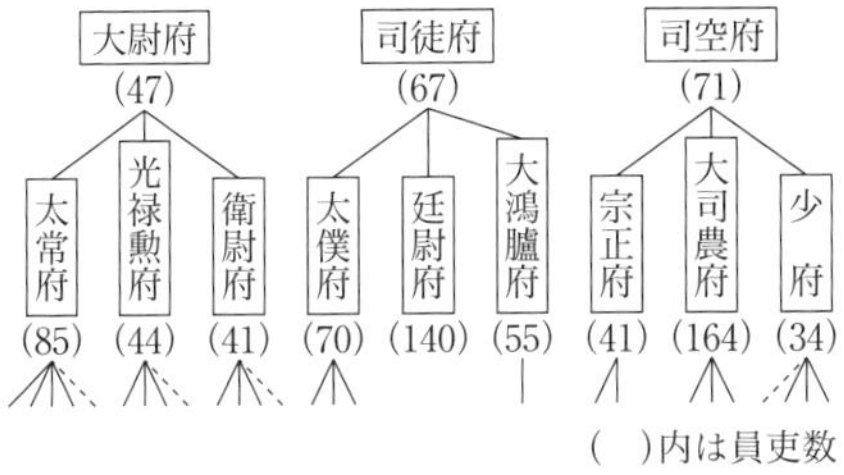

図22　後漢中央官府連合体

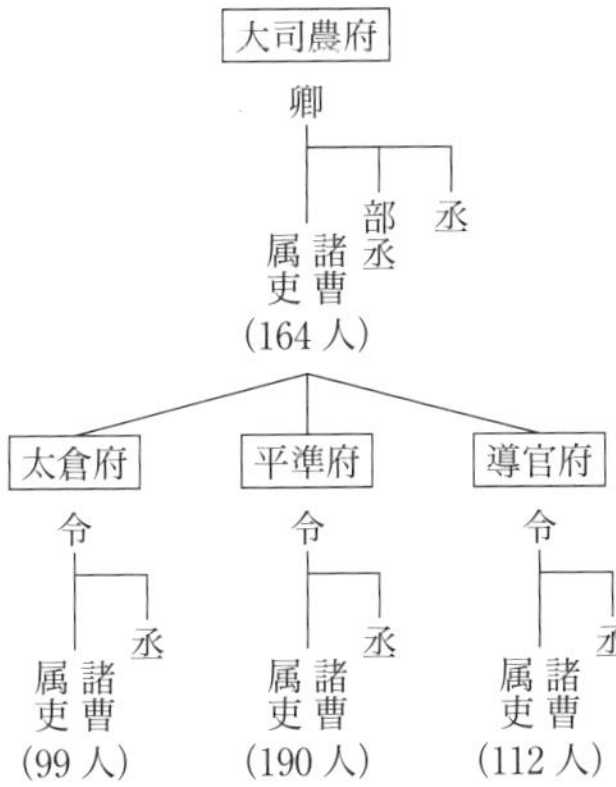

図23　大司農府官府連合体

地方の郡国では、秦の洞庭郡遷陵県の事例で確認したように（七七頁）、長官である太守府と郡都尉府、辺郡にはさらに複数の部都尉府があり、その下にいくつかの県官府が下属し、地方官府連合体を編成した〔図24〕。

特筆すべきは、王莽の世紀をつうじて尚書体制が成立したことである。尚書は、秦代より置かれ、皇帝の家政機関である少府に属し、

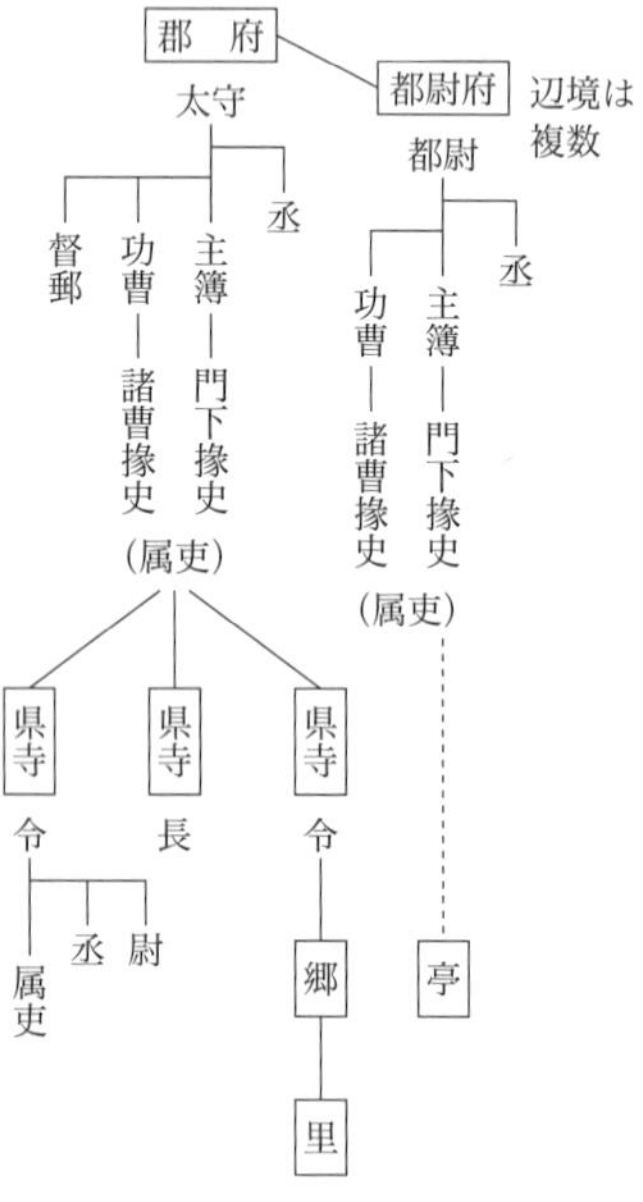

図24　地方官府連合体

文書の出納を任務とした。武帝が内朝・内廷で政務を執るようになると、しだいに重用されるようになり、宣帝・元帝期には後宮の世話をする宦官が尚書機能をになって中尚書官(中書)とよばれた。成帝は、宦官の中尚書をしりぞけて士人を任用し、はじめて尚書に五曹を置いて部局を造った。尚書は、こうして行政の全般をあつかう皇帝官房の機能をはたすようになった。

後漢にはいり、光武帝が権力をにぎって政治を総攬すると、官房機能をもつ尚書が皇帝の政治的意思決定にも重大な影響を及ぼすようになり、皇帝に直属する行政機構となり、尚書台とよぶようになった。三公九卿は、しだいにその決定を執行するだけの行政府となっていった。

後漢末までに尚書は六曹となり、隋唐以後の六部《りくぶ》尚書体制の濫觴《らんしょう》となった〔図25〕。

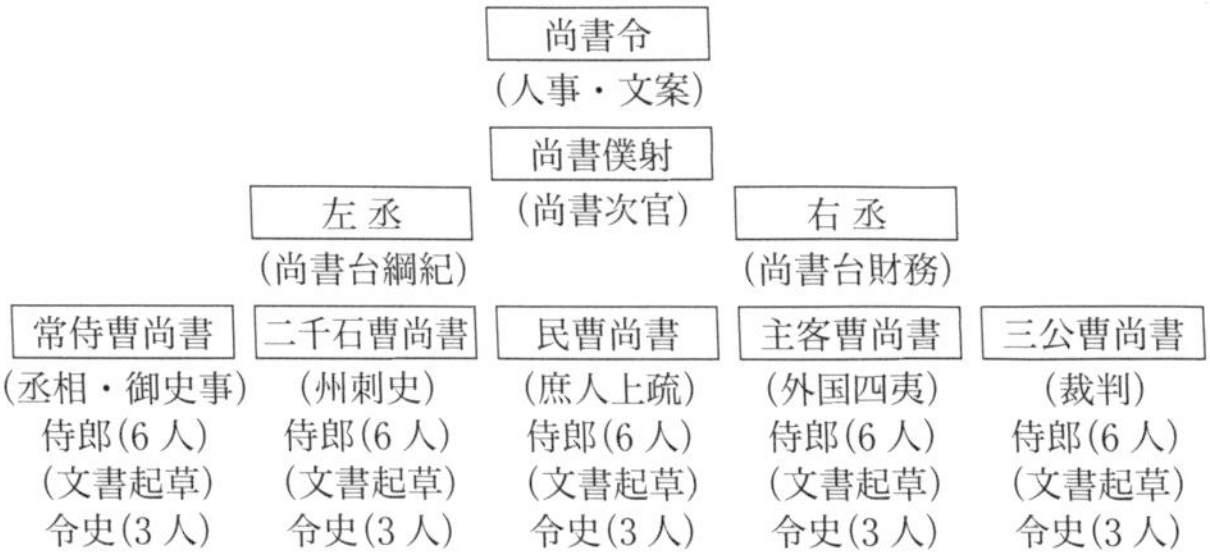

図25　後漢初期尚書台構成図

皇帝を頂点とする官府の連合体制は、二つの質を異にする君臣関係によって維持、統合された。第一は皇帝が任命し職をあたえる命官とのあいだの皇帝－命官の第一次的君臣関係であり、第二は官府の官長が任命し職をあたえる属吏とのあいだの官長－属吏の第二次的君臣関係である。官府の独立性の根幹は第二次君臣関係の存在にある。

とくに地方郡県の各官府の官長は、自己の官府の属吏に対する人事権をもっていた。中央・地方を問わず、官府の官長と属吏の関係を漢代人は君臣関係とみなした。転任・退任ののちもかつての君臣関係は、故主－故吏関係として永続化した。とりわけ郡の太守は、県の属吏人事に介入し、また「君道」と称し、その属吏の政績に応じて信賞必罰をくわえ、誅殺することさえあった。地方官府の官長は、小専制君主であった。すべての地方属吏は、その郡県に属する人びとから任用され、皇帝に対しては陪臣の関係にあった。

皇帝－命官の第一次的君臣関係は、皇帝に収斂する一元的関係であるが、官長－属吏の第二次的君臣関係は、官府組織に規定されているため、官長や属吏の転任により複数の君臣関係が結ばれることになり、複数多元的である。複数多元の君臣関係のなかで、どの君臣関係をより重視するか、それは個人が選択できた。

秦漢時代の皇帝は、天命をうけて統治権力を委任された専制君主であり、唯一の政治的意思決定権者として権力を一身にあつめる存在である。しかし、現実の政治運営は、二重の君臣関係と官府連合体をつうじて執行されるのであり、中央集権制とは異なる政治的特質をもっている。では、このような分散的傾向をふくむ漢代の専制主義は、どのようにして統合、維持されたのであろうか。

元会儀礼

官府の秩序を維持するのは、朝会儀礼である。朝会においては、君臣朝見の儀式のあと、時どきの政治課題について皇帝からの諮問や議論がおこなわれる。中央の朝廷についていえば、朝会は、一般的に五日に一度、毎月の朔望(一日、一五日)、元旦の夜明けに挙行される。もっとも盛大であるのは、元旦の朝会儀礼である。

漢の朝会儀礼は、漢初に叔孫通《しゅくそんとう》が秦制をふまえて整備した儀礼である。漢初から武帝期までの歳首は一〇月一日であった。前二〇〇年一〇月(一日)、はじめて元旦の朝会儀礼が挙行されたとき、整然と進行する儀礼を眼にした高祖は、思わず「今日はじめて皇帝の尊さがわかった」とつぶやいた。皇帝の尊さを、元会《げんかい》儀礼はどのように表現したのであろうか。

張衡（七八〜一三九）は、後漢中期の元会儀礼をつぎのように描写している。「さて孟春元日には、諸侯（郡国）が四方から来朝し、朝廷の百官もそれにつづく。諸侯・郡国や遠方の夷狄は貢献物を貢納する。これらはともにすべて皇帝の臣下であり、そのしるしとして玉などの礼物を供えるのだ。このとき、正殿の下に朝謁する者はあらまし数万人もあり、東西二つの隊列に分ける」（『東京賦』）。殿庭の東側に文官、西側に武官が隊列を作ってならぶ。

この元会儀礼参加者数万人のうち、中核となるのは中央官人一〇五五人である。従者をふくめればその数倍となる。かれらは、その身分に応じて異なる質《ち》物（贄）を皇帝に献じ、第一次的君臣関係を更新する。三公・諸侯は璧（玉）、卿にあたる官僚は羔《こう》（仔羊）、大夫に相当する官僚は雁、士の身分にあたる官僚は雉を質として献じる。それぞれの質は、玉をのぞき動物の死体である。春秋期以来、この儀礼を「策命委質《さくめいいち》」とよび、官爵を拝命した君主のために死を賭して仕えることを表明する臣従儀礼であった。とくに即位後最初の元会儀礼は重要であった。元会儀礼を挙行する前に夭折した第七代皇帝北郷侯劉懿《りゅうい》（在位一二五年三〜一〇月）は、元旦の「君臣成礼（君臣関係定立）」を経なかったことを理由に、宗廟に祭られず、帝号もあたえられていない。

また地方郡国からは数名ずつ、総計数百名にのぼる上計吏を派遣する。上計吏は、元会に参加して一年間の政治会計報告、貢献物の貢納、官僚候補となる人材(孝廉・賢良・文学などの科目による察挙者)を上進する。さらに外国および諸種族の使節団が参加し、貢献物の貢納をおこなう。貢献物は、元会会場の殿庭ににぎやかに陳列される。これを庭実といい、庭実のにぎわいは天子の盛大な徳を顕示する。

郡国からの貢献物と人物の貢納とは、西周期の兮甲盤の銘文にすでに現れるように(第一章三五頁)、王権に対する伝統的な集団的臣従・従属の表明である。元会での人物の貢納は、察挙制をついだ隋以後の貢挙制・科挙制にも継承された。唐代の科挙受験者は貢挙人、郷貢進士などとよばれ、殿庭に陳列される貢献物の前に参列した。

ちなみに郡国(国内)からの貢献物は、北宋以後土貢とよばれ、明代一六世紀後半に一条鞭法が展開すると、州県の土貢・方物も一条に編入されて銀納となり、財物の貢納制は銀錠のなかに融解した(『明史』食貨志二)。以後は、外国・諸種族からの貢献、すなわち朝貢のみとなる。

科挙は、周知のとおり一九〇四年五月の実施を最後に、一九〇五年には廃止された。龍山文化以来の貢献制は、すでに清人の意識にはなかったであろうが、形式的には一九〇五年の人物の貢納制廃止まで続いたのである。

元会儀礼は、皇帝と中央官僚との君臣関係更新、中央政府と地方郡国との貢献制、すなわち貢納－従属関係の再生産のみならず、外国・周辺諸種族の臣従をも包括する帝国的秩序の更新を象徴する儀礼であった。高祖が皇帝の尊厳を自覚させられたのも無理はない。

第五章　分裂と再統合——魏晋南北朝

一　漢魏革命

清流と濁流

後漢は、第五代殤帝劉隆（在位一〇五〜一〇六）が幼児のうちに死亡してのち嫡系が絶え、つぎつぎに傍系から若い皇帝が立って政権が不安定になった。前漢末の政局の再現である。皇帝があいついでいれ替わると、歴代皇后とその外戚たちが皇帝権力をめぐって争うようになった。そのなかで宦官が台頭し、皇帝の居処である禁中に出入りして外戚勢力と争い、第八代順帝劉保（在位一二五〜一四四）、第一一代桓帝劉志（在位一四六〜一六八）を擁立するまでになった。宮廷内の政局の不安定化は、官僚制の機能不全をまねいた。とりわけ、郡太守など、地方官の任命経路を外戚や宦官がなかば独占するようになった。人事をめぐって地方政治に利権がはたらくようになり、地方社会はさらに疲弊していった。

宮廷・官僚制の混乱や地方社会の分断・疲弊をまのあたりにして、のちに清流とよばれる官僚層が地方在住の士人層と連携し、政界の刷新をめざして宦官勢力に対する広汎な抵抗運動を展開した。しかし宦官派がまきかえしをはかり、清流派官人は徒党を組むものであると決めつけ、一六六年、一六九年、一七六年の三度にわたって党錮《とうこ》の禁を発令した。党錮・党禁とは、朋党を組む官人・士人から官僚となる資格を奪うことである。宦官派は、清流派官人や周辺の人物を逮捕・投獄し、官人資格を剝奪した。第二次党錮では、一〇〇余人が殺され、「天下の、智勇に傑出した人物や儒学の実践者たちまで、すべて党人とみなされた」(『後漢書』霊帝本紀)。

黄巾の乱

一方疲弊した地方では、二世紀はじめ頃から河南・河北の各地で流民が出現し、農民反乱がおこるようになった。その勢いはしだいに南下し、長江流域にまで拡大していった。それは三六万余人が一気に蜂起した黄巾《こうきん》の乱によって、頂点をむかえた。張角を教主とする太平道教団は、三六人の部帥により、華北各地に下部組織を編成していた。かれらは、一八四年二月、黄巾を頭にかぶり、各地で同日に一斉蜂起した。清流派との結託をおそれた朝廷・宦官勢力は、あわてて党禁を解除したが、あとの祭りであった。益州(四川省)黄巾の馬相のように、なかには天子を名のるものまで出た。この反乱は、社会の底辺をまきこんで、後漢を一挙に滅亡の瀬戸際に追いこんだ。

天下三分――魏・呉・蜀の成立

一八九年、第一二代霊帝劉宏(在位一六八～一八九)が亡くなると、代替わりの混乱の中で、袁紹(?～二〇二)等は宦官を誅滅して宮廷から一掃し、逃げのびた者を黄河の濁流に沈めた。他方、宦官誅滅の動きにあわせて、羌族等を率いていた董卓《とうたく》(?～一九二)が首都洛陽に入った。かれは、たくみに兵力を増大して朝廷の実権を握り、後漢最後の皇帝献帝劉協(在位一八九～二二〇)を即位させた。まもなく董卓は、長安を都とし、献帝を長安に移した。

中央朝廷のうごきに対し、河南・河北の地方官・軍将たちは、袁紹を盟主とする反董卓の同盟軍を結成した。董卓が部下の呂布(?～一九八)に殺されると、この同盟軍はまもなくいくつかの軍閥を形成した。軍将のひとりであった曹操(一五五～二二〇)は、同盟軍を足がかりに自らの勢力を拡大していった。やがて曹操は、一九六年、献帝を長安から洛陽に迎えいれ、二〇〇年、官渡の戦いで最強の群雄である袁紹を破り、華北をほぼ統一した。

その頃、江南地域は、二世代にわたって孫氏が実効支配していた。二〇八年、曹操軍は、南下して長江中流の荊州を平定し、さらに江南平定をめざして東進した。孫権はこれに対抗し、劉備軍の助力をえつつ、長江中流の赤壁で迎撃し、大規模な水軍戦となった。いわゆる赤壁の戦いである。曹操軍が敗れると、諸葛亮(一八一～二三四)の説く「天下三分の計」の実現可能性が高くなった。

漢魏革命

二一六年五月、献帝は曹操の爵位を進め、魏国王に封じた。権力交替の秒読みがはじまった。しかし、二二〇年正月、曹操は洛陽で病にかかり、死去した。その年一〇月一三日、献帝は、衆望が曹操の子・魏王曹丕《そうひ》にあることを理由に、官僚層をひきつれ、高祖廟を祀り、兼御史大夫張音に皇帝の璽綬《じじゅ》(印章とこれをぶらさげる帯状のリボン)をもたせて禅譲した。魏王は、二九日、繁陽(河南省内黄県東北)に築いた壇場に昇って天を祀り、魏の百官・列侯・諸将・匈奴単于・周辺諸種族数万人が見守るなか皇帝位についた。祭事が終わると即位礼の完成である。文帝曹丕(在位二二〇~二二六)は、黄初と改元して大赦令を発布し、一二月、洛陽に帰ってこれを都とし、魏(洛陽、二二〇~二六五)を建国した。これが漢魏革命である。

この政権交替は、王莽がはじめた禅譲方式による権力移譲であり、「漢魏故事」とよばれて後世の手本となった。『三国志』文帝紀裴松之《はいしょうし》注に引く『献帝伝』は、繁文縟礼《じょくれい》の見本を提供するかのように、詳細に禅譲劇の次第を記録する。

文帝即位の翌年、劉備(昭烈帝、在位二二一~二二三)が蜀(首都成都、二二一~二六三)を、翌翌年には孫権(大帝、在位二二二~二五二)が呉(首都建業、二二二~二八〇)をそれぞれ建国し、三五〇年余におよぶ分裂時代が始まる。

分裂期の天下と中国

「いま天下は三分し、中国が一八州、呉と蜀はそれぞれ一州を保有するのみ」と『傅子《ふし》』(『三国志』劉曄伝裴松之注)が述べるように、魏・呉・蜀が天下を三分して実効統治すると、天下二〇州のうち、中原洛陽に都を置いて一八州を領有した魏を「中国」とよんだ。かくして天下の領域と中国とはふたたび分化する。

すこしさき走れば、五胡十六国期の後趙(三一九〜三五一)の高祖石勒《せきろく》(在位三一九〜三三三)に対し、その宰相徐光は、後趙が長安・洛陽の二都を支配して「中国」の帝王となっており、対立する江南の東晋司馬政権や成蜀の李氏政権とは正統性が異なると論じている(『晋書』石勒載記下)。三国期の天下三分と同一の構造である。「中国」を支配する政権に正統性の存在することがわかる。

また、三五二年、鄴都(河南省臨漳県)を獲得して皇帝位に即いたとき、前燕(三三七〜三七〇)の慕容儁《ぼようしゅん》(在位三四九〜三五九)も、東晋から遣わされた使者に対し、「中国」の推戴により帝王となった。このことを帰って東晋の天子に報告せよ、と述べている(『晋書』慕容儁載記)。中原にある都城を支配する王権が正統王権であり、分裂期にあっては、中原をふくむ華北の領域が「中国」であった。

二　華北地方社会の変貌

この後漢から三国分裂期にかけて、地方社会の基層では、漢魏革命のよそよそしさとは異なり、深刻な変容が生じていた。その変容は、三国時代から南北朝に至る権力の分裂を根柢で規定した。それはまず、帝国支配の根幹となる地方組織に現れた。

地方行政組織の変貌──郷里制と自然村落

漢帝国の地方行政組織は、龍山文化期以来の三階層制聚落群の型式《パターン》を基盤とする県‐郷・亭‐里によって編成された。この行政組織は、古典国制が成立した両漢交替期をさかいに大きく転換する。表7「両漢郡県郷亭戸口数対照表」によれば、郡国の数は前漢一〇三、後漢一〇五でほとんど変わらないのに対し、県以下の数は大きく変化している。後漢の県数は、前漢の約四分の三であるが、戸数の減少に相即しているのでさほど問題はない。しかし郷は約半数、亭は約四割に減少している。後二年から約一五〇年のあいだに県以下の基層行政組織が激減したのである。郷は、戸籍編成の基礎単位であり、亭は阡陌制で区画された一頃単位の耕地の管理をおこなうとともに、管轄地域の警察業務をも兼ね、また郵とともに帝国全土を結ぶ通信・

表7　両漢郡県郷亭戸口数対照表

	前　漢	後　漢	減少率	出　典
郡　国	103	105	—	前漢は『漢書』地理志および百官公卿表上（平帝元始2年〔後2〕） 後漢は『続漢書』郡国志五（桓帝永寿2年〔156〕），郷亭数は，郡国志五劉劭注引『東漢書』（永興元年〔153〕）
県　道	1578	1180	74.80%	
郷	6622	3682	55.60%	
亭	2万9635	1万2442	42.00%	
戸　数	1223万3062	969万8630	79.30%	
口　数	5959万4978	4915万0220	82.50%	

交通網を編成した。郷亭組織が、戸口数の減少割合以上に激減していることは、基礎となる聚落群の解体、すなわち帝国基底部にある三階層制聚落群型式《パターン》の解体を意味するであろう。

少し時代をくだった三世紀後半の西晋期になると、表8「晋代郷数設置規定表」にみるように亭はなくなり、郷は県の支配戸数によって設置する数が決められるようになる。郷は、基層聚落とは無関係に、県の戸籍に登録する戸数に対応して行政的に設置されたのである。晋朝以後も県‐郷‐里の三級制地方行政組織は維持される。しかし、後漢末から顕著になる新しい基層自然村落（屯、邨、村、鄔、丘など）を直接には編成しなくなる。帳簿上の戸数によって県が編成する郷里組織と現実の自然聚落とが二重に存在するようになる。二世紀半ばから三世紀半ばにいたるほぼ一〇〇年間に、事態はさらに徹底的に進行したといえる。

この事態の進行は、もとより両漢交替期や後漢末の動乱による物理的破壊を原因とするであろう。ただ、単なる物理的な破壊であれば、再建は可能である。しかし、あともどりができない経過をたどった。その根本的な原因は、より深い華北農村社会の変容と政治的軍事的な要因とに求められなければならない。

考えうる政治的軍事的要因は、光武帝が後三〇年八月に断行した郡都尉府の廃止とそれにともなう内郡領域の軍備縮小である。郡都尉は、郡の甲卒を統率・指揮する郡の軍事長官である。その廃止は、内郡領域の武装解除を意味し、前漢期をつうじてなお保存された戦国体制の根柢的な廃棄をも意味した。郡都尉府の廃止は、戦国期以来、最下部の軍事・警察組織であった亭の存続に打撃を与えるとともに、その職掌であった阡陌・耕作地の管理にも大きな影響をもたらしたはずである。阡陌制は後漢末の土地売買文書上の記載を最後に歴史上から姿を消した。それは、小農民層の経済的基盤のひとつが消滅したことを意味する。漢帝国の解体は、戦国軍事体制の解体と単位基層聚落群、および阡陌制の解体を要因とするものであった。

表8　晋代郷数設置規定表(『晋書』職官志)

県戸数	500戸	3000戸	5000戸	10000戸
郷　数	1郷	2郷	3郷	4郷

華北農村社会の変容

基層聚落群と阡陌制の解体は、軍事体制の解体と相互関係にあるだけでなく、また華北畑作農耕の変容との相互作用のなかでひきおこされた。華北の畑作農耕は、武帝期を境に大きく変容した。耕起・整地用具に耒・耜・鋤などの手労働用

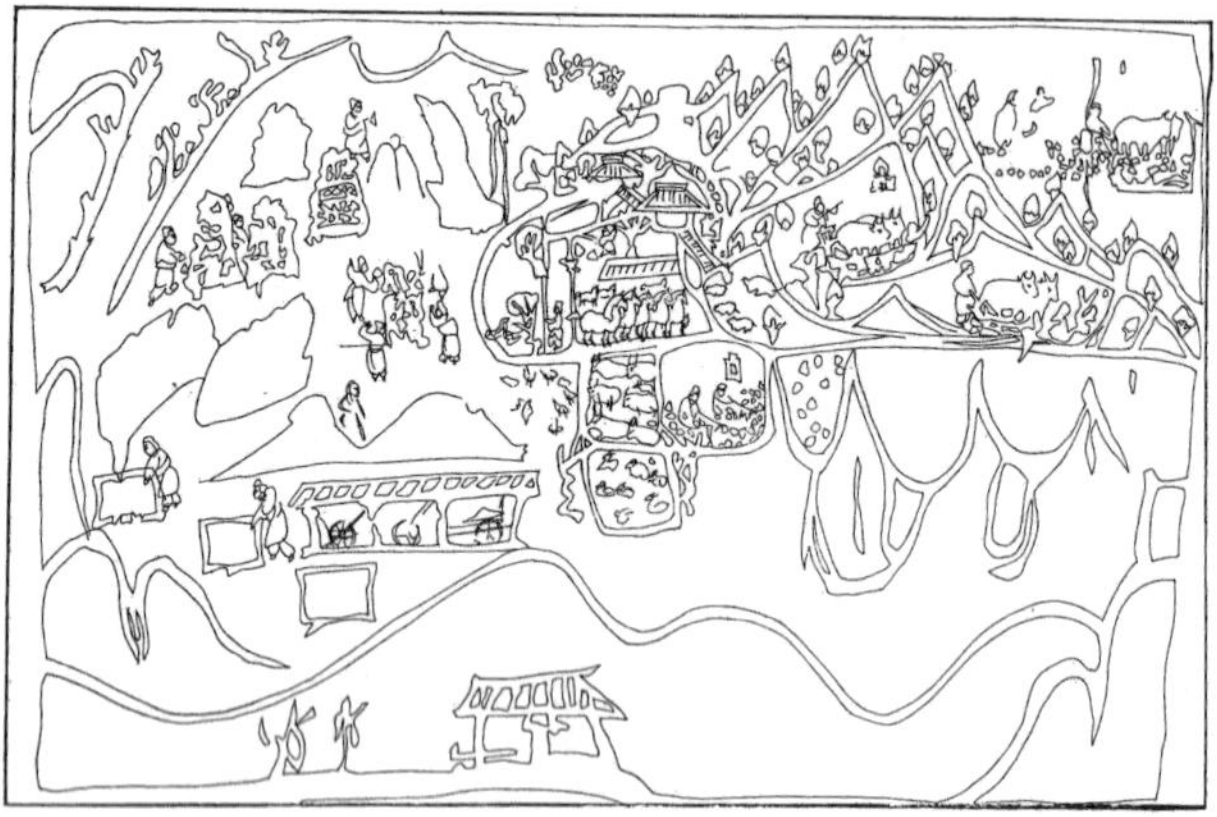

図26　後漢農場図．画面中央山麓にある宅と園舎を中心に，右側で農耕，左側で採桑，麻糸の生産がおこなわれていたことが分かる．

具を用いる戦国期以来の小農法的農業のうえに、二頭の牛に鉄製犂をひかせて耕起・整地をおこなう大農法が普及し、畑作農法と華北農村が大きく変貌していったのである〔図26〕。

大農法の典型は、武帝期、主に首都圏や西北辺郡地帯において施行された趙過の「代田法」である。それは、耦犂《ぐうり》（牛二頭引きの犂）・播種用農器等の大型農具を中核とし、二頭の牛と三人の労働者が五頃単位で経営する農法である。それは、夫婦二人がせいぜい一頃＝一〇〇畝単位で経営する小農法とは絶大の格差がある。大農法は、隣接する四家・四陌分の経営と陌道とを排除しなければ成立しない。数頃単位で経営する大農法は、一頃の分田を基本単位とし小農法を前提する阡陌制の耕区編成〔図16（六七頁）参照〕とはあいいれない。大農法の進展とともに阡陌を構成する農道は切り崩され、農村の風景はしだいに変わっていったであろう。

二〇〇三年六月、河南省内黄県南部の梁庄鎮三楊庄の北五〇〇メートルの黄河故道で七ヵ所の住居遺跡が発見された。現在、そのうち四カ所が発掘されている。出土陶器の組成(陶壺、豆、甑、盆)、水槽などの器型、出土した三枚の「貨泉」から、この住居跡が前漢末王莽期の遺跡であることが判明した。この住居址は、後一一年、王莽の故郷である魏郡で発生した、黄河決壊による水害で埋没したとみられる。それは、埋没時農村の現況をとどめる未曾有の遺跡であり、発見当時中国のポンペイだと喧伝された。その内容は驚くべきものであった。

第一に農家は、密集した聚落を形成せず、近いもので二五メートル、遠いものは五〇〇メートルを越える距離をもつ「散村」形態をとり、点在する農家のあいだには農地がひろがっていた。これは、龍山期以来の三階層制聚落群の型式《パターン》とは異なる聚落形態である。第二に、独立した個個の農家の周囲には桑の木などの樹木や蔬菜畑が作られ、さらにその周囲に耕作地が広がるという景観である。農家が広大な耕作地のなかに点在するのである。第三に、農家の屋舎は、五人以上の人が住めるやや広い第二処住居以外は、すべて多くて五人の小家族が生活できる大きさである。住居は、二つの中庭をもつ二進院式の統一規格によって造られている。やや広く複雑な構成をもつ第二処住居を例にとれば、一堂二内(主房と両側の脇部屋)の基本構成をもつ母屋が北に在って南面し、二つの中庭を囲んで他の西廂房・東廂房などの屋舎を配置している。

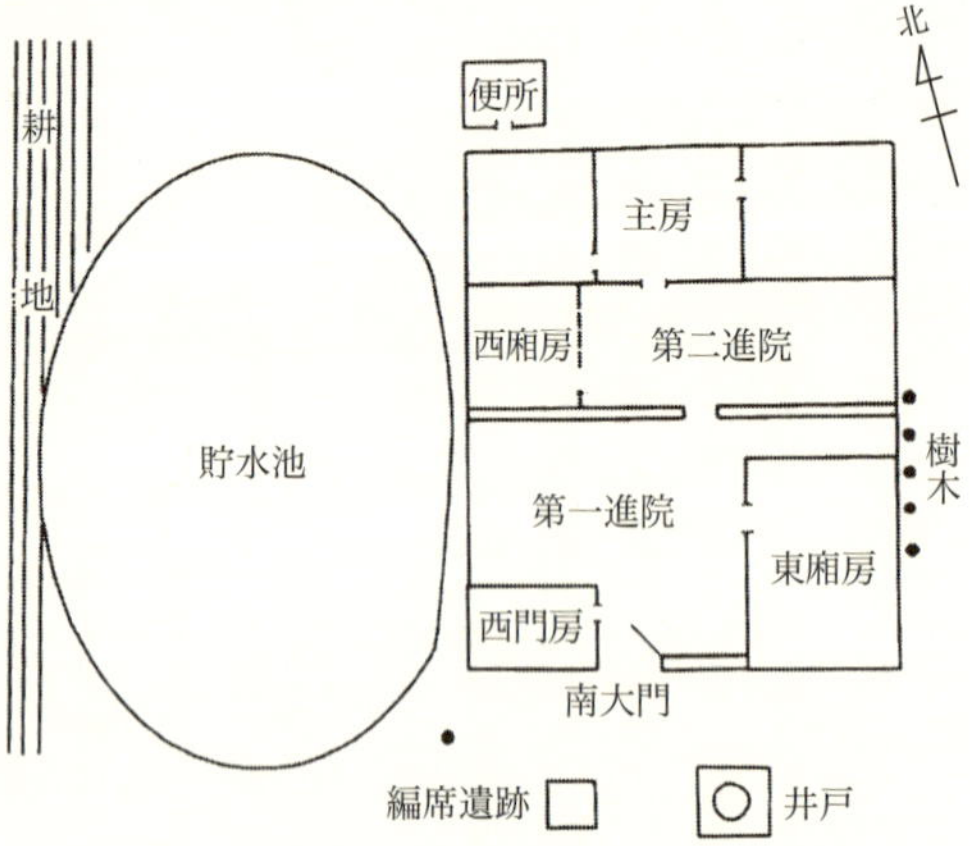

図 27　内黄県梁庄鎮三楊庄遺跡第二処住居平面図

これが二進院式住宅である〔図27〕。第四に農地は、幅約六〇センチの畝立てをおこない、すべて南北方向にはしっている。第三処住居の農地には牛蹄の痕跡がのこっていた。また第二処住居からは鉄製犂が発掘されている。

これらのことは、耕地のなかに点在する農家の住居と小家族による大農法経営の普及とをうかがわせる。現在の内黄県梁庄鎮三楊庄は、漢代の魏郡の領域内に属し、まさしく中原に位置する。これが先進地帯の農法と村落景観を代表するといえるかどうか、孤例であるため、確実なことはいえない。ただ、前漢末王莽期にかけて、阡陌制を無用にする大農法の進展・普及を見たこと、華北の農村聚落が多様な形態をもちはじめ、それが地方行政組織の変容にも大きく影響したことは確認できるであろう。

農村の階層分化の拡大

前漢中期以降の大農法の進展は、阡陌制の基礎を掘り崩すとともに、農村の階層分化を拡大した。すでに述べたように戦国末漢初の農村には、ごく少数の大家を除けば、あい半ばする中産層と貧家層とが存在した。中産層は、貧家層とともに阡陌制に基礎づけられた小農法による経営をおこなっていた。しかし中産層は、大農法の進展とともに、それを受容できずに貧家に没落するか、大農法の生産力基盤を獲得して大家層へ上昇するか、いずれにせよ二極化していった。

武帝期には、没落しはじめたもののまだ中家層の存在が認められる。たとえば『塩鉄論』未通篇には、「さきごろ戦争がしばしば起こり、中央財政が不足したので、家産評価額によって賦銭を徴発したが、常に実在する民衆から収取した。……およそ賦銭を滞納するのは、皆な大家層であり、郷吏・里正はかれらを恐れてあえて督促せず、貧民層に厳しく取りたてるので、貧民層は堪えきれず遠方に流亡する。このために中家層が丸ごと納入することになる」とみえる。農村の三階層のなかで、中家層に租税負担が重くのしかかっていたことがわかる。すでにみたように、武帝期の財政政策のなかで中産層の没落が顕著になる(九一頁)。

こうして後漢期以後、中家・中産の記述はなくなり、農村の構成は大家・富室・強家・富豪などとよばれる富豪層と貧家層との二階層に分化していく。史乗に中家が現れる最後の事例は、後漢初の人桓譚《かんたん》(?〜五六)の上疏である。かれは、大商人の高利貸し経営について述べ、そのなかで中家の子弟がその実務にあたり、臣僕のごとく仕えていることを指摘している(『後漢書』桓譚列伝)。中家の没落を象徴するこの記述以後、中家は姿を消す。その後は、「上家は巨万の資産を蓄え、その土地は列侯の封地にも等しく、……ゆえに下戸はきびしい境遇に足の置き所もなく、父子ともにうなだれて富者上家に奴隷のごとく仕え、妻子をひきいて上家に労役を提供する。……すこしでもみのりがなければ、流亡して野たれ死にする」(『通典』一引崔寔『政論』)と崔寔《さいしょく》が述べるように、富者と貧者の二階層区分による農村社会の描写が増大する。農村社会の分断と貧家層の疲弊が見えてくる。

権力分裂期の根柢には、戦国期以来の地方行政組織の解体と農村社会の疲弊と分断が確かに存在したのである。

三　西晋——中原統一王朝の再建

西晋の天下統一

魏朝第二代の明帝曹叡《そうえい》(在位二二六〜二三九)が実子のないまま三六歳の若さで死亡すると、養子で八歳の斉王曹芳(在位二三九〜二五四)が即位した。明帝の遺命により、皇帝一族の曹爽(?

〜二四九)と司馬懿《しばい》(一七九〜二五一)が政治を輔佐したが、両者は対立した。曹爽との権力闘争に勝利した司馬懿が亡くなると、その子司馬師(二〇八〜二五五)、司馬昭(二一一〜二六五)兄弟があいついで権力を握り、時の皇帝を廃位し、また殺害するにいたる。

魏は二六三年に蜀を平定したが、その二年後には司馬昭の子司馬炎(武帝、在位二六五〜二九〇)に禅譲し、西晋王朝(二六五〜三一六)が成立する。武帝は二八〇年、江南に進軍して呉を平定し、およそ六〇年ぶりに天下統一を果たした。このときの国家登録戸数は、二四五万九八〇四戸(『通典』七)であり、後漢の四分の一に縮減した。西晋の統一期間は二〇年足らずである。政治権力は一時統合されたが、社会は疲弊し、分断されたままであった。三〇〇年には八王の乱(三〇〇〜三〇六)、前後して永嘉の乱(三一一)がおこり、ふたたび西晋は分裂状態にはいる。

またたく間の統一政権におわったが、武帝の治世期にはこれまでの歴史を概括する三つの出来事があった。

律令・晋礼の編纂

その第一は、律令と礼楽の体系化である。武帝の治世期初頭、泰始四年(二六八)正月、泰始律令が公布された。この律令は、曹魏末の二六四年五月に編纂が開始され、三年半を費やして完成した。泰始律令は、刑法である律二〇篇と行政法を中心とする令四〇篇からなり、戦国期以来蓄積されてきた、令・律・故事などの法令・慣例が整理され、中国史上最初の体系的な構成をもつ律令法となった。この律令法に並行し、これを補うものとして、晋朝は、同時に『晋故事』三〇巻を編纂している。これ以後、各王朝において律令に改訂が加えられていき、隋の開皇律令で律令を補う格(臨時法集成)・式(施行細則集成)が法典に加えられ、完成の域にたっした。唐の律令法はその成果を基盤にしたものである。

翌二六九年、武帝は、律令に伍して祭祀・礼楽に関する儀注を編纂した『晋礼』一六五篇を公布した。儀注は、各種祭祀や儀礼の個別的な次第を記述し、実際の儀礼・祭祀執行の基準を提示する。この『晋礼』は、漢初の叔孫通《しゅくそんとう》『漢儀』一二篇、これを逐条改訂し、大幅に増広した後漢章帝期の曹褒《そうほう》『漢礼』一五〇篇を基礎に編纂された儀注で、天子から庶人にいたるまでの冠婚・吉凶制度を撰述する。『晋礼』は公布後も修訂がつづけられ、隋の牛弘『隋朝儀礼』一〇〇巻、唐の『大唐開元礼』一五〇巻にいたって大成する。

律令法と祭儀・儀注書は、法制と礼楽とが複合的にくみあわされ、実践することをつうじて各王朝の政治秩序を形成する。泰始律令・『晋礼』は、王莽の世紀にはじまった古典国制を法典・礼書のかたちにしあげる最初の事例であった。

戸調制の成立

第二は、戸調制の成立である。泰始令の編目第九篇は、戸調令である。戸調は、後漢末の建安初年(一九六・一九七)に、曹操が実効的に支配していた豫州《よしゅう》(河南省南部淮水以北・安徽省淮水以北)・兗州《えんしゅう》(河南省東部黄河以南・山東省西部)で実施したことにはじまり、二〇〇年に袁紹、二〇四年に袁尚を破ったのち、その支配領域であった冀州・幽州(河北省)に拡大し、禅譲後は魏朝全土に施行した。これを律令のなかに明記したのが泰始令である。

天下統一の二八〇年には、「戸調之式」が出された。現在戸調令の本文はのこっていない。わずかに「戸調之式」と戸調制にかかわる「晋故事」逸文がのこっているだけである。式が特定の立法の形式になるのは、北朝以後である。このばあいの式は、普通の意味での法、制度をいう。したがって「戸調之式」と戸調令との関係はわからない。おそらく天下統一にともなって必要となった改訂措置をふくむ法令であろう。

「戸調之式」と「晋故事」逸文によると、西晋期の戸調制は、魏の戸調制を全国的に展開したものである。それは、県段階における直接的な租税収取とそれら収取物を基礎に郡国から中央に公賦・公調として貢納する二つの層次に分かれていた。県段階では、農民各戸の家産評価額にもとづいて九等級に区分し、その等級に応じて絹・綿その他の物資を徴収し、それら税物は地方に一旦貯備・蓄積された。各郡国は、通常その支配戸数に一戸あたり租四斛《こく》・絹三匹・綿三斤の一律賦課基準を乗じて貢納額を決定し、地方貯備の中から綿絹などの財物を公賦(公調）とよんで貢納し、中央政府財政を構成した。中央経費として貢納されたあとの残額は、調外費として地方に貯備・蓄積されたと考えられる。中央政府からいえば、全国の登録支配戸数を把握することにより、単純計算によってその税収と基本財政規模を確認することができた。

「均田之制」の再建——占田・課田制

第三は、占田・課田法の施行である。漢末の動乱によって、天下は荒廃し、国家登録戸数は一、二割にまで減少した（『通典』七）。曹操は、一九六年、戸調制の施行に前後して、中原に民屯田を設置し、荒廃した田土を再開発して、軍糧の確保と軍隊の強化をはかった。これまでの屯田は、辺境に駐屯する軍隊の兵士が軍糧を確保するために農業を営むものであった。曹操も孫氏政権と対峙する淮水流域を中心に軍屯田を設置している。これに対し、民屯田は百姓を召募して耕作させるものであった。その結果、農業の振興と小農経営の再構築に寄与することとなった。中原一帯に設置された民屯田は、その成功によって曹操が華北を統一するための物的人的基盤の構築をもたらしたのである。

この民屯田は、曹魏末の二六四年、西晋初の二六六年、魏晋交替をはさんで二度廃止令がだされ、屯田官と屯民は、郡県制に再編された。かくして、天下統一の二八〇年、占田制・課田制を施行することになる。

占田制は、まず男子一人に七〇畝、女子一人に三〇畝、すなわち男女一夫婦が保有する一〇〇畝＝一頃の田土を基準として設定する。これを基礎に、一品官五〇頃以下、九品官一〇頃にいたるまで、九品九等級の官人身分に応じて土地保有限度をみとめる。占田に対しては、すべて毎畝三斗の田税が賦課された。

この官品による階層的土地保有制度は、明らかに「均田之制」すなわち漢代の爵制的土地所有の再建である（表3（一二二頁）参照）。ただ占田は、国家によって認められた田土保有の登録限度であり、給田制度ではないことに留意する必要がある。

このときまた、占田制とはべつに、国王公侯に対し、洛陽城内に居宅一カ所と近郊に大国は一五頃、次国は一〇頃、小国は七頃の「芻藁之田《すうこう》」（牛馬にあたえる飼料生産用田土）の保有限度を規定している。

さらに官人に対しては、俸禄支給の一環として、一品官に菜田一〇頃・田騶《でんすう》一〇人、一品の特進官に菜田八頃・田騶八人、三品官の光禄大夫等に菜田六頃・田騶六人を支給することを規定する。四品以下の規定は見えないが、おそらくは九品全体にわたって菜田・田騶が階層的に均等給付されたものと考えられる。

ここには、統一秦・前漢期の爵制的土地所有から、官品の階層制にもとづく土地所有への転換が見られる。しかし、階層をもうけて土地保有の限度に区分をたてて、均衡を維持する「均田之制」の本質は一貫している。前漢末に崩壊の危機に瀕した「均田之制」は、曹魏の民屯田による中原の再開発を基礎に占田制として再度立ちあげられたのである。ただこの占田制等の階層制土地所有は、西晋が短期政権に終わったため、明確な制度として継承されることはなかった。

課田は、戸調制の公賦・公調と関連づけられた課税地である。換言すれば、中央政府の財源を確保するために各州郡から貢納される戸調のための会計上の課税地である。課税地額は、戸主が丁男(一六～六〇歳)であるばあい五〇畝、次丁男(一三～一五歳、六一～六五歳)戸主は二五畝、丁女戸主は二〇畝であった。丁男戸主であるばあい、実際の占田額にかかわらず、会計上五〇畝が課田となり、基準課税額である租穀四斛、絹三匹、綿三斤が各州郡に賦課される。次丁男戸主には基準額の半額、丁女戸主には五分の二が課税額となる。これは、各州郡からその登録戸数と登録戸主の種類に応じて中央政府に戸調を貢納する計算上の課税構成である。県段階で各戸の資産額に応じて収取される戸調とは次元を異にする。

占田・課田制は、西晋崩壊後継承されなかった。しかし、占田に対応する田税および課田に賦課される戸調の公調制度は南北朝をつうじて継承された。

四　五胡十六国と天下の分裂

八王の乱と永嘉の乱

二九〇年、武帝が死亡し、暗愚といわれた恵帝司馬衷《しばちゅう》（在位二九〇〜三〇六）が即位すると、その皇后賈南風が実権を掌握した。二九九年、賈皇后は、自分の子でない皇太子を廃位した。翌年、武帝の叔父趙王司馬倫は、賈皇后やその一族を殺害して実権を握り、三〇一年正月には帝位を簒奪した。これに対し、諸国の国王に封建されていた司馬氏一族が各地で挙兵し、その年四月、趙王倫は誅殺された。その後、諸王間の抗争が泥沼化し、三〇六年に懐帝司馬熾《しばし》（在位三〇六〜三一一）が即位して一段落するまで、華北は混乱に陥った。八人の国王が権力をめぐって内乱を起こしたので、これを八王の乱という。

八王の乱による混乱のさなか、三〇三年、氐《てい》族の李特は、成都（四川省成都市）によって自立し、国号を成（三〇三〜三四七）と称した。また三〇四年、匈奴を率いていた劉淵が山西省北部で自立して漢王（漢のち前趙、三〇四〜三二九）を称し、やがて帝と称して南方に領域を拡大していった。

三一一年（西晋の永嘉五年）、劉淵の子劉聡（在位三一〇〜三一八）は首都洛陽を攻め落とし、三一

表9　五胡十六国興亡表

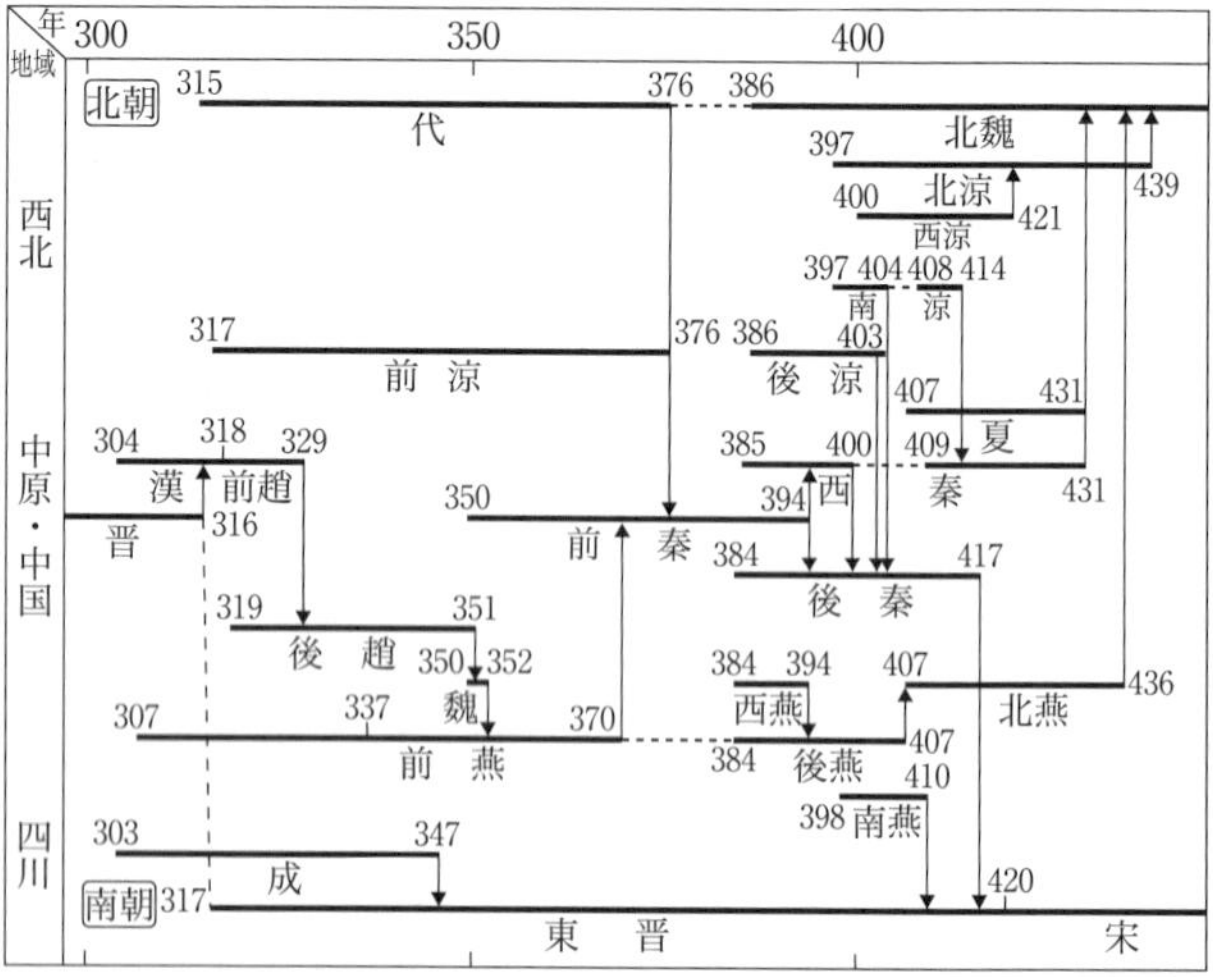

六年には、長安に拠っていた西晋最後の愍《びん》帝《てい》司馬鄴（在位三一三～三一六）を降伏させた。こののち、「中国」支配をめぐる諸種族の興亡と、「中国」の北辺・西辺での諸種族の国家形成と滅亡があいついだ。これが永嘉の乱とよばれるもので、こののちおよそ一五〇年間つづく五胡十六国時代の始まりである（表9）。

西晋が匈奴の手により滅亡すると、三一七年三月、揚州都督として江南の建業（南京市）に拠っていた琅邪王司馬睿《しばえい》が、その地で皇帝に即位し（元帝、在位三一七～三二二）、晋朝を継承した（東晋、三一七～四二〇）。こののち江南には宋斉梁陳の四王朝がつづいた。華北には北魏が成立したので、この時期を南北朝という。

華北住民の変貌

五胡十六国時代は、漢人をはじめ匈奴・鮮卑・羌・氐《てい》・羯《けつ》など五胡とよばれる複数の種族が、華北地域を中心に、王・帝・天王などの君主号を称して一九におよぶ国家を樹立し、興亡を繰り返した。かれらは、永嘉の乱を機に大挙して華北に侵入したのではない。それには華北住民の顔立ちに変貌をもたらすような長い前史がある。

漢末の動乱が起こると、華北の住民は大挙して東北部の遼東や淮水以南の地に移動するようになった。永嘉の乱は華北住民の遼東や江南への移住をさらに促進することになった。

一方、周辺諸種族は、後漢時代から徐徐に華北北部に移住しはじめていた。南匈奴は、後漢の光武帝時代にその本拠地を離石左国城(山西省離石県)に移し、後漢末の董卓の乱に際し、太原(山西省太原市)・河東(山西省夏県北)を攻略し、黄河をへだてて洛陽をのぞむ河内郡《かだい》(河南省沁《しん》陽《よう》県)に兵を進めて駐屯した。曹操は、匈奴の部衆を左右中南北の五部に分けて統制し、山西省の中北部一帯に居住させた。

のちに後趙(三一九〜三五一)を建てた羯《けつ》族の石勒は、もと匈奴の別部族で、祖父の代までには、上党郡(山西省長治県)武郷羯室一帯に散居していた。このことから羯胡とよばれるようになった。羯族も、漢魏交替期には、すでに「中国」に居住していたのである。

また後漢初には、隴西太守馬援(前一四～後四九)が羌族を討伐し、その種族を馮翊《ひょうよく》郡(陝西省大茘《だいれい》県)・河東郡の空地に移した。羌族は、漢人と混住することによって人口が増加するようになった。一一一年には、先零羌《せんれいきょう》が河東郡を攻略し、河内郡まで到達している。その結果、安帝劉祜《りゅうこ》(在位一〇六～一二五)は、安定・北地・上郡三郡の郡府を三輔内の諸県に移している。前漢の首都圏が後漢中期には辺郡化したのである。西晋期にはいると、長安をとりかこむ関中一帯の住民一〇〇余万人の半ばは、羌族が占めるようになっていた(『晋書』江統伝「徙戎《しじゅう》論」)。

すでに華北各地に居住していた五胡の諸種族は、八王の内乱で混乱した中原の権力をめざして南進し、また東進しはじめた。たとえば、遼西郡に本部を移していた鮮卑族慕容部の慕容廆《ぼようかい》(二六九～三三三)は、八王の乱から永嘉の乱にいたる中原の混乱のなかで、河北から押し寄せた大量の流民を定住させ、東北周縁部の安定を図った。三一九年、かれは高句麗・鮮卑族宇文部・鮮卑族段部の連合軍を破り、遼東・遼西地域における支配権を確立し、のちの前燕国の基盤を造った。その子慕容皝《ぼようこう》(二九七～三四八)は、三三七年九月、燕王に即位し、段部・宇文部・夫余を滅亡させ、高句麗に壊滅的打撃をあたえて北東アジアの強国となった。その子慕容《ぼよう》儁《しゅん》(三一九～三五九)の時代にはさらに南進し、三五二年一一月、皇帝を称して元号を立て、三五七年一一月には鄴に遷都し、さきに述べたように、「中国」に君臨する国家となった。

周辺諸族の華北への移動・移住は、後漢時代にはじまり、華北住民の顔立ちに大いなる変貌をもたらし、やがて永嘉の乱と五胡十六国の興亡をみちびいたのである。

五　鮮卑拓跋部の華北統合

北魏の華北統一

めまぐるしく興亡する諸国を制して華北を再統一したのは、鮮卑族の拓跋《たくばつ》部である。拓跋部は、五胡諸種族のなかで、もっとも遅れて長城の外から南遷した種族である。拓跋部は、はじめ大興安嶺北部にある嘎仙洞《かっせんどう》（内モンゴル自治区ホロンバイル盟オロチョン自治区）一帯を本拠地としていた。かれらは、しだいに山西省北辺一帯に移住し、盛楽（内モンゴル自治区フフホト）を本拠地とした。

初期拓跋部は、部族連合体であった。それは、拓跋氏と血縁関係にあると観念する一〇部族（十姓）の連合組織を中核に、始祖神元帝力微のころまでに帰属した諸種族（内入諸姓）をゆるやかに統合し、さらにその外縁に定期的な貢納関係をもつ四方諸種族（四方諸部）を配置する同盟組織であった。

拓跋部は、西晋末には平城（山西省大同市）まで進出した。三一〇年、拓跋部君長の猗盧《いろ》（?～三一六）は、大単于・代公に封ぜられ、三一五年には愍帝により代王に建てられた。

代国は、三七六年、長安に本拠を置く前秦（三五〇～三九四）の苻堅《ふけん》（在位三五七～三八五）から攻撃をうけた。敗戦のさなか、代王什翼犍《じゅうよくけん》（三二〇～三七六）が死亡した。代国諸部は離散し、その多くが前秦に従属した。華北を統一した前秦は、三八三年、東晋との淝水《ひすい》の戦いに敗れ、こののち急激に衰えた。これを機に、什翼犍の孫拓跋珪《たくばつけい》が前秦から自立し、三八六年、皇帝を称し（道武帝、在位三八六～四〇九）、北魏を建国した。

道武帝は、鮮卑族をはじめ、従属してきた諸種族の氏族組織を解体し（部族解散）、首都平城を中心に、八部（八国）からなる首都圏畿内の領域編成をおこない、首領である八部大人のもとに、漢人をふくむ支配者集団を再組織した。道武帝は、かれらをあらたに代人《だいひと》・国人《こくじん》とよんで、庶民百姓とは別の戸籍に編成した。国人は、春秋時代の各国の支配者集団であった国人を意識したことばである。

代人集団は、北魏軍の中核を構成し、戦時には四方に派遣された。道武帝は、西晋以来の州（郡）県制のうえに、戦士を供出する八部制の政治共同体を重層して全国土を統治したのである。代人支配者集団による皇帝直属軍の編成は、大きな成果を収め、第三代太武帝拓跋燾《たくばつとう》（在位四二三～四五二）の統治期に華北統一を果たした。

二つの国号——魏と代

北魏は、道武帝が建国の際に議定した王朝名である魏・大魏のほかに、「代」・「大代」を国号として使用した。「大代」は、すでにみたように鮮卑拓跋部を統合した猗盧が代公・代王に封建されたことにもとづく国号である。

国号として魏を採用したのは、始祖神元帝力微(?〜二七七?)の伝説上の建国元年が、三国曹魏の建国と同じ二二〇年であり、曹魏と並んで、北魏が漢からの正統性を受け継いだことを示すためである。魏はそれ自体「漢魏の法」を体現する国号であった。この魏と大代とが東西両魏にいたるまで国号として使用され続けた。それは、漢魏の州県体制と代国・代人支配者集団との重層的支配体制が存在し、両者が葛藤しつづけたことを示している。その葛藤は、「漢魏の法」を徹底しようとした孝文帝の改革から、後の隋の文帝にいたるまでの歴史に深い刻印を押すことになった。

可汗と皇帝・天子

一九八〇年、嘎仙洞で石室に刻まれた太武帝の祭天儀礼の祝文が発見された。そこには、「天子臣燾が、……皇天の神に告げ、……皇祖である先の可寒(可汗)を配祀する」と述べ、天子、可汗・可頓(皇后)の称号を用いて祭祀している。「皇祖先可汗」の先は、通常亡くなった父を指示することが多い。ただ、ここには皇祖とあるから、始祖である神元帝力微を指すであろう。鮮卑拓跋部の王権は、当初より可汗《カーン》と称していたのである。

また北魏時代に演奏された鼓吹楽(軍楽)のなかに「簸邏《はら》迴歌《かいか》」とよぶ楽曲群があった。「その曲には可汗に関する歌辞が多い。北方の諸種族は、みな君主を可汗とよぶ。……歌は後燕・北魏時代の鮮卑歌である。歌辞は鮮卑語で、聞き分けることができない」(『通典』一四六)ものであった。後燕(三八四～四〇七)は、鮮卑慕容部の建てた国家である。このことからも、後燕・北魏道武帝の時代には、皇帝号・天子号のほかに可汗号が用いられていたことがわかる。それは、北魏の皇帝・天子が、鮮卑族をはじめとする諸種族に対し、とりわけ代人支配者集団に対しては、北魏成立後も可汗号を称していた可能性を示している。

北魏中原王朝の形成――八部制から州郡県制へ

華北統一による領域の急激な拡大は、北魏に兵力の分散を余儀なくさせた。支配者集団の構成員である代人が、やがて地方州郡や辺境の軍管区である鎮に派遣され、その地に定住することが多くなった。それと同時に、代人支配者集団以外の外部からも安定的に兵士を供給し、増強する必要がでてきた。そこで、第六代孝文帝拓跋宏(在位四七一～四九九)は、四七三年、全領域内の戸口調査を実施し、戸籍を整備して租税傜役の安定的な調達をはかるとともに、漢人州郡民からも一割の成人男子を徴発して従軍させた。

四八五年の給田制(「均田制」)および四八六年の三長制の施行は、これを一層展開した政策である。四八六年に施行された三長制は、五戸ごとに一隣長を立て、五隣(二五戸)ごとに一里長を立て、五里(一二五戸)ごとに一党長を立て、帳簿上の郷村を隣－里－党の三階層に組織する。三長は、給田と租税・徭役収取の責任を負った。

さらに三長制には、一五丁ごとに一人の当番兵を順次供出し、のこる一四丁が資助として各おの絹一匹を当番兵に供与する三五発卒(一五丁一番兵)方式を組み込んだ。これにより一党五里から毎年五人の当番兵を順次徴発する制度が確立した。郷村から徴発した兵士は、主として淮水流域の南朝との辺境に配備された。三五発卒方式は、村落組織と不可分の兵役徴発方式となり、庶民百姓が兵役を担当する商鞅の「耕戦の士」を再構築することとなった。

三長制の施行にあわせて、四八六年には戸籍を造りなおすとともに、洛陽遷都の四九四年までには、実効支配する領域を河南二五州、河北一三州、合計三八州に区分しなおして地方統治体制を確立した。こうして北魏領域内の人びとは、州郡県・三長制度のもとに、種族に関係なく、原則的に同じ戸籍制度によって把握され、田土を受領し、租税・徭役・兵役を負担することになった。

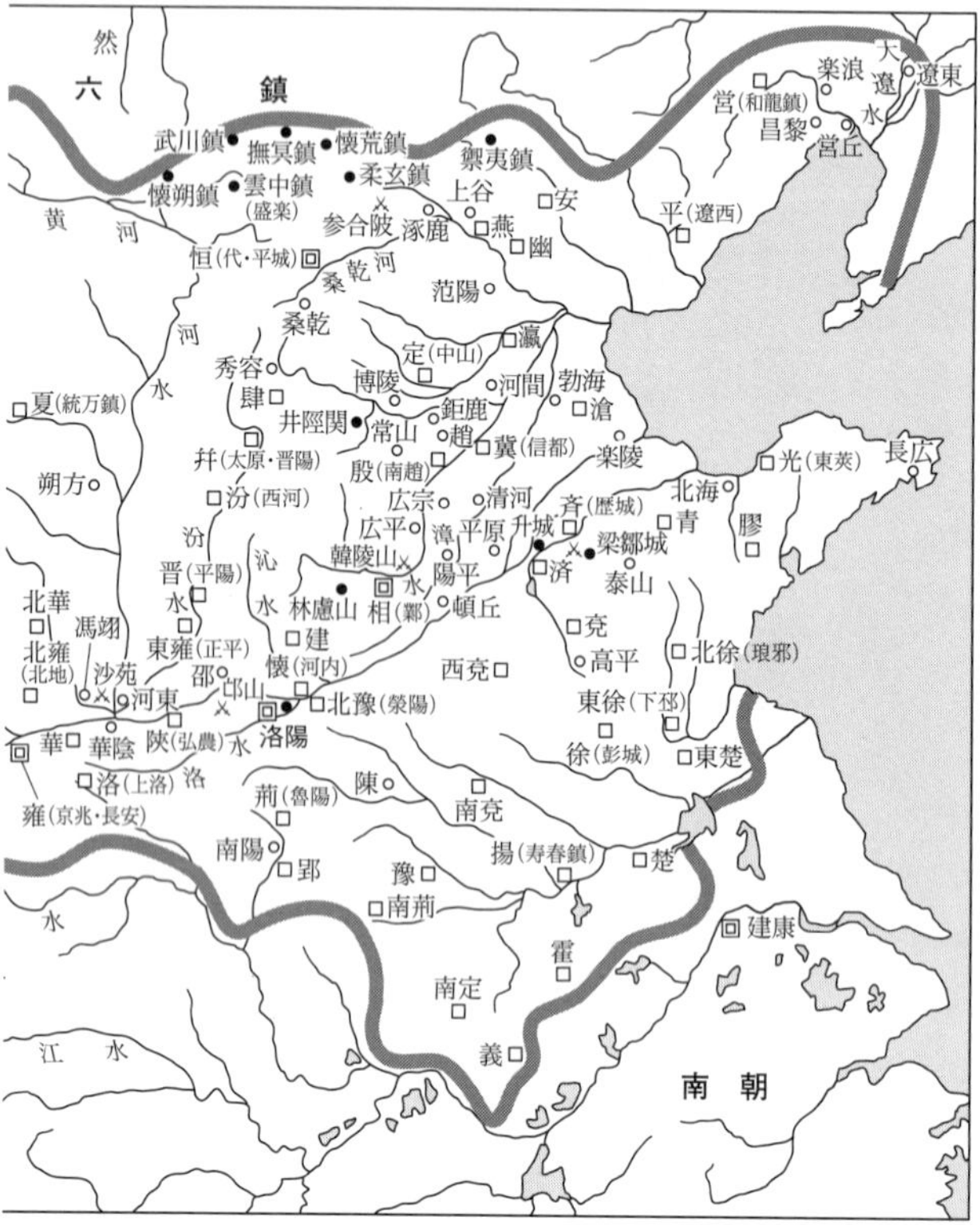
然
六
鎮
武川鎮
撫冥鎮
懐荒鎮
禦夷鎮
懐朔鎮
雲中鎮
(盛楽)
柔玄鎮
上谷
安
参合陂
涿鹿
燕
幽
黄
河
恒(代・平城)
桑乾河
范陽
桑乾
瀛
河
定(中山)
秀容
水
博陵
河間
勃海
夏(統万鎮)
肆
井陘関
鉅鹿
滄
常山
趙
冀(信都)
并(太原・晋陽)
殷(南趙)
楽陵
朔方
汾(西河)
広宗
清河
斉(歴城)
北海
光(東萊)
長広
広平
漳
平原
升城
青
汾
沁
韓陵山
梁鄒城
膠
晋(平陽)
陽平
済
泰山
北華
水
水
林慮山
相(鄴)
水
頓丘
馮翊
建
兗
北雍
(北地)
東雍(正平)
懐(河内)
高平
北徐(琅邪)
沙苑
邵
西兗
河東
邙山
北豫(滎陽)
東徐(下邳)
華
華陰
陝(弘農)
水
洛陽
徐(彭城)
東楚
洛(上洛)
洛
陳
荊(魯陽)
南兗
雍(京兆・長安)
南陽
郢
豫
揚(寿春鎮)
楚
南荊
水
建康
霍
南定
江
水
義
南朝
大
遼
水
楽浪
遼東
営(和龍鎮)
昌黎
営丘
平(遼西)

要図

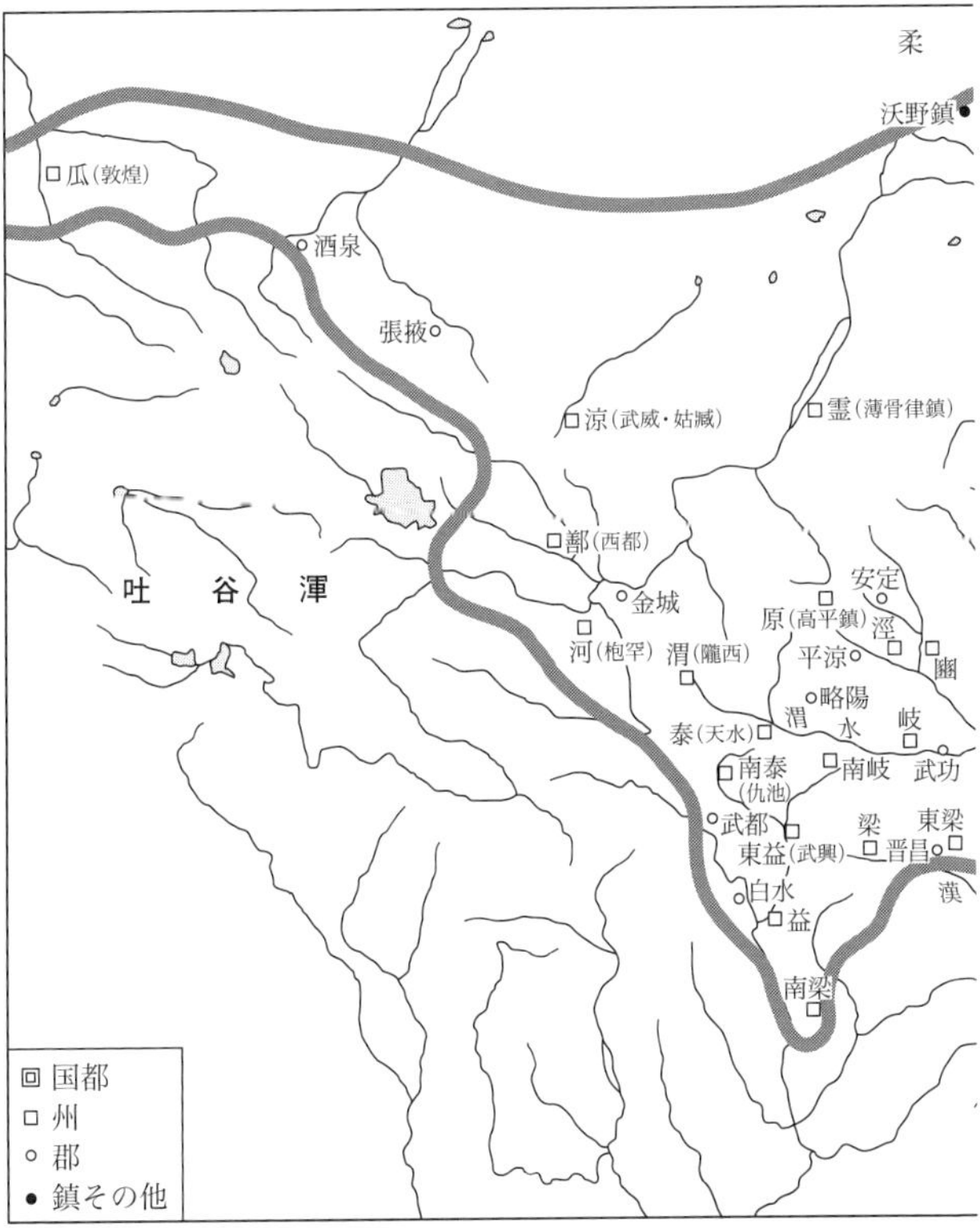
柔
沃野鎮
瓜(敦煌)
酒泉
張掖
涼(武威・姑臧)
霊(薄骨律鎮)
鄯(西都)
吐　谷　渾
金城
安定
原(高平鎮)
涇
河(枹罕)
渭(隴西)
平涼
豳
略陽
渭
水
岐
泰(天水)
南岐
武功
南泰
(仇池)
武都
梁
東梁
東益(武興)
晋昌
漢
白水
益
南梁
国都
州
郡
鎮その他

図28　北魏

姓族分定

四九四年、中原洛陽への遷都を機に、代人支配者集団も平城から洛陽へ移住し、翌四九五年の「姓族分定」とともに、ここに戸籍登録して河南洛陽の人（代遷戸）となった。こうして代人支配者集団は、最終的に皇帝・官僚制による州県支配体制のなかにくみこまれていった。

姓族分定（姓族詳定）とは、出自と祖先歴代の官品・官歴を基準にして、名族を官人身分秩序のなかに序列化することである。

漢人名族については、代人の姓族分定とは別に、清河郡の崔氏、范陽郡の盧氏、滎陽《けいよう》郡の鄭氏、太原郡の王氏の四姓に趙郡の李氏と隴西の李氏をくわえて五姓とし、序列の頂点においた。この最高家格のほか、父祖三代の官位によって、別格の膏粱《こうりょう》、華腴《かゆ》とよぶ家格を作り、さらに甲・乙・丙・丁の四姓からなる階層をもうけて漢人名族を序列化した。

代人については、一一〇姓の諸種族のうち、穆（丘穆陵氏）・陸（歩陸孤氏）・賀（賀来氏）・劉（独孤氏）・楼（賀楼氏）・于（勿忸于《ぶつじくう》氏）・嵇《けい》（紇奚《こつけい》氏）・尉《うつ》（尉遅氏）の八姓を最高家格とし、漢人五姓と同列に置いた。その他の代人諸種族もまた、その家格を姓・族二階層および姓・族に入らない者に区分し、さらに姓・族二層を四層に区分してその家格を序列化した。こうして漢人・代人ともに、皇帝権力のもとに家格が序列化され、家格による官人身分序列と統一的な官吏登用および昇進のめやすが構築されたのである。

孝文帝の漢化政策とは

北魏の漢化は、第三代太武帝の治世から徐徐にすすんだ。ただ孝文帝の治世期まで北族の習俗、政治文化が大勢をしめた。孝文帝は、洛陽遷都に前後して、代国に由来する官職や西郊祭天儀礼などを廃止し、また胡族の胡服着用や胡語使用を禁じた。さらに拓跋姓を漢人風に元姓に変え、諸種族の姓も漢人風に改めさせた。これら一連の政策は、「均田制」・三長制・姓族分定などとともに漢化政策とよばれる。のちに西魏の宇文泰は、これを「漢魏の法」とよんで排除している(『周書』盧弁伝)。「漢魏の法」とは、王莽の世紀に成立した古典国制のことである。漢化政策とは、後漢の国制への回帰を目標として、新たな国制を創造しようとしたことを意味する。

漢化政策がすすんでいた四九三年、おりしも南斉の政変のあおりをうけて王粛《おうしゅく》(四六四〜五〇一)が亡命してきた。かれは、琅邪郡の名族王氏の出身で故事に精通していた。孝文帝は鄴で王粛と会見し、夜分に至るまで語りつくし、君臣あいまみえることの晩かったことを歎じたという。王粛は、「北魏のために官品・百司を制定し、すべて「中国」風にした」(『南斉書』魏虜伝)とも、「北魏のために始めて礼儀を制定した」(『陳書』徐陵伝)ともいわれる。漢化政策は、王粛が制定した官制・礼楽によってしあげがおこなわれたのである。それは、「中国」風にすること、すなわち漢魏の古典国制を北魏に導入することを意味した。この国制は、北魏の東西分裂を機に、まるごと東魏・北斉に継承され、さらに隋がこれを受容することになる。

『斉民要術』――華北畑作農法の古典的成立

北魏給田制（「均田制」）が施行されてまもない六世紀初頭、高陽太守（山東省益都県）賈思勰《かしきょう》が『斉民要術《せいみんようじゅつ》』一〇巻九二篇を撰述した。斉民は一般平民、すなわち百姓を意味する。『斉民要術』は、庶民百姓の生活に必要な農耕殖産に関する技術を解説し、農業・養蚕にはじまり、酪農・養魚・醸造・食品加工・調理にまでおよび、さらに外国の珍しい物産をも紹介する。そのなかで注目すべき内容は、華北乾地農法が古典的な成立をみたことである。

華北の大地は黄土層でおおわれている。黄土は土壌の粒子が細かく、毛細管現象がおこりやすい。雨水の土中への浸透が早く、したがってまた蒸発も早い。華北の年間降水量は、およそ七〇〇ミリ前後で、春先にも降るが、そのピークは七月である。春の耕作開始にあたって、なけなしの天水を土中に保持するためには、ビニールをかぶせるように、土壌の表層に堅く緊密な層をつくって水分の蒸発をふせぐ必要がある。これが華北畑作農業の要諦となる。

耕起後に堅く緊密な表層を作る作業を労とよぶ。漢代には耕起後ただちに手作業で労をかけていた。後漢期から犂へラを装着する有床反転犂が現れ、土塊の反転と深耕が可能となった。

『斉民要術』の北魏期には、反転犂の利用が普及し、深耕することによって土塊が大きくなった。そのため、まず畜力牽引による耙(破砕用具)をかけて土塊を破砕したのち、耮(表土鎮圧用具)をかけて堅い表層をつくるようになった。こうして畜力による耕起-耙-労の耕起整地体系が成立し、土中の保水が安定した。また夏作物収穫後から冬にかけて秋耕をおこなうことがはじまり、保水は一層安定するようになった(図29)。農民は、一年をつうじて耕作地とかかわりをもつようになり、より緊密な土地占有を実現するようになった。後述する北魏給田制の夫婦二人の基礎的給田が正田六〇畝であったことは、戦国漢代および西晋占田制の基礎的給田が夫婦一頃=一〇〇畝であったことと比較するならば、より高度な土地生産性を実現していたことを示している。

図29　嘉峪関壁画墓耕種図．1号墓(3世紀中葉)内部の壁画．犂耕，播種，労の耕種過程が2列に描かれている．

　耕起整地過程だけでなく、この時期には、耬犂《ろうり》とよぶ畜力播種が広くおこなわれるようになり、畜力を用いる耕起-整地-播種過程が体系的に成立した。これに呼応して、『要術』の段階では、アワ・キビなどの地力消耗作物とダイズなどの地力維持作物とのくみあわせによる輪作が普及し、施肥法の革新とともに地力維持機能が上昇した。かくして前漢中期以来の大農法は、古典的成立をみた。華北におけるこの大農法は、一三世紀の金代まで基本的に継承される。

『要術』の記述によれば、この大農法による経営は、一具牛(二頭の牛と農具のセット)、一・五頃(七ヘクタール)の耕地、五名前後の労働者を基本単位として遂行された。二牛・三人・五頃単位で経営する前漢武帝期の代田法より、はるかに集約化が進んでいる。労働者には、家族・奴婢・傭作(雇用労働者)をくみあわせて使用した。当時具牛の数によって経営規模を表現することがあり、大きいものでは一〇具牛の経営に言及するものもあった。一五頃(七〇ヘクタール)・五〇名規模の経営である。ただこれは一〇単位の小規模経営の集合であり、大経営とはいえない。顔之推は、二〇人の家族と二〇人未満の奴婢および良田一〇頃の組合せを満足すべき家経営とみなしている(『顔子家訓』止足篇)。農村の富豪層もこのような家経営を標準としたであろう。

顔之推も言及するように、大農法による富豪層の直営地経営は一〇頃前後であり、それをこえる所有地は小作に出された。小作地の耕作者は貧農が多く、かれらは漢代以来の手労働用具を用いる小農法によって耕作した。圧倒的な経営格差があるので、貧農は、小作、傭作にでたり、牛犂を借りて農作するなど、富豪層に様ざまなかたちで依存することが多かった。なかには富豪層・官人の戸籍に附載され、田客とよばれる隷属性のつよい貧農もいた。しかし、多くは国家の戸籍に登載される自小作の庶民百姓であった。北朝隋唐期の華北農村は、圧倒的多数の貧農と少数の富豪層・官人よって構成された。

「均田之制」の展開――北朝の平均秩序

四八五年一〇月、孝文帝は、使者を派遣して州郡を巡行させ、地方官と協議して「天下の田を均給させた」(『魏書』高祖紀上)。これが北魏の給田制(所謂「均田制」)である。

北魏給田制を提起したのは、李安世(?〜四九三)である。北魏初年以来、郷里制度が整備されず、三〇家、五〇家で一戸を編成する宗主督護制がおこなわれた。また富豪層の戸籍に附載される民衆が多く、かれらには国家の租税・傜役が賦課されない代わりに、富豪層によって租税に倍する収取がおこなわれた。さらに当時、州郡の民衆が凶作によって流亡し、田宅を売り払って異郷をさまようことが数世代におよんだ。流民が故郷に帰ってみると、富豪層がかれらの土地を占拠している。こうして帰還者と富豪層との間で土地争いの裁判が始まる。年月がたっているため、両者ともに様ざまな証拠をならべるが、決着はつかず、判決は容易に下りない。かくして耕地は見捨てられ、農業生産に支障をきたすようになっていた。

李安世は、このような状況を改善するために、①井田制の復活は難しいとしても、あらため

表10　北魏給田制

		男夫	婦人	奴婢	丁牛
露田	正田	40 畝	20 畝	良人に同じ	30 畝
	倍田	40 畝	20 畝		30 畝
桑　田		20 畝	—		4 牛まで給田
麻　田		10 畝	5 畝		
園宅地		3 人に 1 畝		5 人に 1 畝	

て次第・差等をもうけて田土を量りなおし、耕地区画を明瞭にして農耕にめどが立つようにし、労働力と耕作地面積とにつりあいがとれ、貧家層にも生活の糧が得られ、富豪層には無駄な遊休地がないようにすること、②係争中の土地については、年限を区切って判決を下し、事案が古くてはっきりしないばあいは、現在の占有者に帰属させることを提案した。孝文帝は、この提案に深くうなずいた。かくしてできたのが北魏の給田制である。『魏書』の著者魏収（五〇六～五七二）は、この提案について「均田之制ここに起これり（均田之制起於此矣）」と、感慨をこめて評価した（『魏書』李安世伝）。これは、『漢書』に記された秦漢期の「均田之制」を継承する田制であることを、史官魏収が明瞭に意識していたことを示す記述である。

　李安世の提案を受けて農田の「均給」を命じた詔勅は、一五条にわたる。その中核となる庶民百姓に対する給田制は、表10「北魏給田制」のとおりである。ここにあるように、百姓給田制は、一組の夫婦と奴婢・成牛を給田対象とする。この給田を単純に積算すれば、夫婦二人（正田六〇畝）、奴婢二人（正田六〇畝）、丁牛二匹（一具牛、六〇畝）となる。すなわち、一具牛、労働者四人、一八〇畝の耕地編成となり、『斉民要術』の描く標準経営に近似する。これが当時最も安定した中農の小農経営であったろう。

もとより李安世の言及する農民は、貧家層と富豪層の二大階層であり、中農は想定外にある。貧家層は、せいぜい夫婦二人・正田六〇畝、桑田二〇畝、屋敷地一畝をあてがわれて、小農法による経営をいとなんだであろう。一方富豪層の家であれば、たとえば親世代と子世代三組の夫婦からなる大家族が、奴婢一〇人、五具牛を所有するばあい、三夫婦正田一八〇畝、奴婢一〇人(正田三〇〇畝)、二具牛(給田は四牛まで一二〇畝)、合計六頃の穀田経営が許されたであろう。

これは、李安世の提案にあるように、家内の労働力に応じた耕作地面積をあてがうもので、労働力の多少にあわせて給田面積に差等と所有限度をもうけたことを意味する。こうして貧家層にも生活の糧が得られ、富豪層には無駄な遊休地がないようにしたのである。

また北魏給田制では、耕地の肥沃度を考慮して、正田に対応する倍田をあてがう規定があり、さらに正丁のいない老人世帯や身体障害者の世帯には正丁の半分三〇畝を給田するなど、耕作地や労働者の状況に応じた給田をおこなっている。これが均給の意味である。北魏給田制は、一律均等の給田ではない。差等・階層をもうけて給田することが均給であり、その体系が「均田之制」である。

北魏給田制には、漢代の「均田之制」のような、官人の爵制・品級による階層的な給田の制度は見えない。ただ、地方官については、末尾第一五条に、州刺史(三品相当)に一五頃、郡太守(四品相当)に一〇頃、州の治中従事・別駕従事(五品相当)に八頃、県令・郡丞(六品・七品相当)に六頃の公田をあてがうことがみえる。これは隋唐の職分田にあたる給田であり、職位の階層制に応じた給田制である。西晋の占田制のこころみをひきつぐこの百姓給田制と官人に対する階層制給田は、あわせて「均田之制」の展開を示している。

北魏給田制をほぼそのまま継承した北斉給田制は、百姓給田制にくわえて、あらたに旧代人官人と華人(山東名族官人)の区別をたて、さらに官品の差等にもとづいて、一品官以下、羽林監・武賁中郎将(六品)の禁軍武官にいたるまで、階層制的給田の規定をもうけている。これは、北魏給田制を一層「均田之制」に近づける規定である。

北魏「均田」詔にみえる「均給民田」とは、「均田之制」の体系内における百姓給田制であり、戸口数の多少や土地の肥沃度など様ざまな差等や条件を勘案して実質的に均等となるような給田を実施することである。これに官人の職位や官品の差等にもとづいて階層制の給田制度を加えたとき、「均田之制」がたちあらわれてくる。この実施の要となるのが差等の均であった。均は、「均田之制」の実践的運営規範であった。

第六章　古典国制の再建——隋唐帝国

一　隋文帝の天下再統一

北魏の東西分裂

第八代孝明帝元詡《げんく》（在位五一五～五二八）の治世下、五二四年（五二三年説もある）、沃野鎮民の破《は》六汗抜陵《りくかんばつりょう》が兵を集めて反乱を起こし、鎮将を殺害して真王元年と号した。この反乱は、やがて武川鎮など、北辺の軍管区である六つの鎮の民衆をまきこみ、さらに華北全域に波及した。この六鎮の反乱をきっかけとする混乱のなかで、北魏は東西に分裂する。東西にわかれた魏では、代国の体制を評価する勢力と「漢魏の法」にもとづく孝文帝の国制を評価する勢力とが対立した。

六鎮の反乱軍のなかから頭角をあらわした高歓（四九六～五四七）は、五三四年、鄴に孝静帝元善見（在位五三四～五五〇）を擁立し、東魏政権（五三四～五五〇）をうちたてた。高歓の子高洋（文宣帝、在位五五〇～五五九）は、孝静帝の禅譲を受け、北斉（五五〇～五七七）を建国した。北斉は、官制・法制・礼制にわたって孝文帝の国制を基本的に継承した。しかし、宮廷内でも権力上層は鮮卑語を話し、漢人が出世するには西域に由来する琵琶を演奏し、鮮卑語を話す必要があったという（『顔子家訓』教子篇）〔図30〕。

一方、東魏に比べて当初劣勢だった西魏（五三五〜五五六）では、五五〇年、宇文泰（五〇五〜五五六）が、『周礼』を参考にして、一二大将軍を統率者とし、二四軍・百府からなる中央軍を編成して、軍事力を強化した。北魏末の禁軍は約二〇万の軍士で編成された。その大部分は高歓に率いられて東魏の軍士となった。孝武帝元脩（在位五三二〜五三四）に従って長安に西遷し、のちに西魏軍団の根幹となった軍士は一万人にすぎなかった。宇文泰は、この劣勢を挽回するために、北魏末の内乱のなかで、各地の名望家に統領されていた地方の軍事集団（郷兵）をとりこみ、そのなかから軍才に富む者を精選して二四軍に再編した。これが唐代の府兵制の源流となった。府兵は、創建時において、すでに漢人をふくむ多様な種族からなる軍団であった。

図30　北斉徐顕秀肖像．鮮卑系官人の顔

五五四年、宇文泰は、鮮卑拓跋草創期の伝説である統国三六、大姓九九の体制を復活し、戦功の高い軍将を三六国の子孫、これに次ぐ戦功を挙げたものを九九姓の子孫とし、胡姓を名のらせた。かれら軍将が統領する軍人も軍将の胡姓に改めた。これは、孝文帝の漢人姓への変更を否定し、一二大将軍・二四軍・百府の軍将・軍士に北方種族の姓をあたえることによって、軍制に特化した初期拓跋部の代国体制にもどしたことを意味する。

宇文泰はまた、五五六年、孝文帝の採用した「漢魏の法」を廃棄し、『周礼』の制度に依拠して礼制・官制改革を断行した。西魏・北周では、孝文帝の国制・「漢魏の法」は、初期拓跋の体制と『周礼』の官制によって代替された。西魏・北周の権力上層部でも日常的に鮮卑語が話され、宮廷音楽には代国・北魏に由来する鮮卑歌が用いられた。

宇文泰の死後、その子宇文覚（孝閔《こうびん》帝、在位五五七）は、西魏の禅譲を受け、北周（五五七～五八一）を創業した。五五八年、第二代明帝宇文毓《うぶんいく》（在位五五七～五六〇）は、三六国・九九姓の体制を改めて従来の漢人姓にもどした。第三代武帝宇文邕《うぶんよう》（在位五六〇～五七八）は、五七四年、二四軍の軍士を州県の戸籍からはずし、その身分を侍官に格上げして募集した。そのため、「夏人（漢人）の半ばが兵となった」といわれる。これによって二四軍は、夏人・胡人の融合する中央禁軍となり、一層強化された。西魏・北周の二四軍は、北魏の代人支配者集団の融解後、その根柢にあった中央禁軍であるという特質を継承し、よみがえらせたものである。

あらたな官制・礼制・軍制を基盤に、五七七年、武帝は北斉を破り、華北の再統一を果たした。

隋の文帝と「天下大同」

北周第四代宣帝宇文贇《うぶんいん》（在位五七八～五七九）の外戚であった楊堅は、王莽と同様の手順をふみ、五八一年、七歳の静帝宇文衍《うぶんえん》（在位五七九～五八一）から禅譲をうけ、隋を建国した。

隋の建国時、文帝楊堅（在位五八一～六〇四）にとって最大の敵は北方の突厥《とっくつ》だった。六世紀半ば、モンゴル高原に勃興した突厥は、華北で対立する北斉と北周をたくみに制御し、両国から多くの貢納物を受け取っていた。五八三年、文帝は突厥を東西に分断することに成功し、東突厥は隋に臣属するようになった。

五八八年一〇月、文帝は、総勢五一万八〇〇〇人の軍隊を派遣し、八方向から江南に向かって進軍を開始した。翌五八九年一月、南朝最後の皇帝陳叔宝（五五三～六〇四、在位五八二～五八九）を捕らえ、文帝は陳を滅ぼした。ここに三世紀初頭以来続いた分裂の時代が終わり、南北の王朝が統一された。文帝は、これを「天下大同」と称して、自賛した。

文帝は、「天下大同」をふまえて軍制を改革した。まず五八九年四月、中央禁軍（のちの府兵制）と地方鎮戍軍（防人制）以外の軍隊・兵器を廃棄して、軍制を二系統に統合した。ついで翌五九〇年五月、禁軍の兵制を改革し、兵士・軍人の身分を改め、州県の戸籍に登録してふたたび一般民衆と同等にし、山東・河南・北辺の軍府を整理した。これにより、北魏の代人支配者集団以来の鮮卑系中央軍団は、西魏・北周の夏人・胡人が融合する二四軍・百府体制をへて、最終的に一般民戸から徴発される中央一二衛禁軍（府兵制）と都督府鎮戍軍の防人制に転換した。

西魏・北周の軍団を率いた諸将の多くは、北魏末の内乱をひき起こした北辺六鎮のひとつである武川鎮(内モンゴル自治区達茂旗シラムレン城)の出身者であった。北周の宇文氏、隋の楊氏、唐の李氏など、皇帝家も武川鎮の出身であった。かれらは、長安周辺の関中(陝西省南部)一帯に本拠を置き、胡人と漢人とが融合した軍士層を基盤に、府兵制を中核とする胡漢融合の軍事支配者集団を創出した。その地域名を用いて、これを関隴集団という(陳寅恪)。隋・唐初期の権力上層部は、関隴武人集団が旧北斉系の門閥官人層と手を組んで組織したものである。関隴集団が創りあげた国のしくみについて、まず律令=礼楽体制と統治の集権化について概観することにしよう。

律令=礼楽の再建と革新

文帝は、即位すると、ただちに「周氏の官儀を易《か》え、漢魏の旧に依る」ことを宣言し、北周の『周礼』にもとづく国制を廃棄し、三師・三公、三省六部体制によって中央政治機構を刷新し、主要官司の長官人事をおこなった。この国制は、つづく唐朝にもひきつがれて完成した。文帝は、それとともに、開皇律令、『隋朝儀礼』を定めて国制の基盤を再建した。それは、近くは北魏孝文帝の体制改革を承けた北斉の国制、遠くは王莽・後漢の古典国制をその根柢で継承するものであった。

文帝は、創業早早の五八一年、まず太尉于翼（?～五八三）・尚書左僕射《ぼくや》高熲《こうけい》・上柱国鄭訳《ていやく》（五四〇～五九一）・上柱国楊素（?～六〇六）・率更令裴政等一四人に律令の編纂を命じた。南朝梁に出自する裴政を中心に進められた律令の編纂は迅速に進み、魏晋から南朝斉梁に至る刑典を折衷して編纂し、その年一〇月一二日に頒行した。五八三年、蘇威は、牛弘（五四五～六一〇）等七人とともに勅命を受けて前年の律条を削減し、改訂新律一二巻を編纂した。これらは開皇律令とよばれるもので、西晋以来の律令の集大成であるとともに、唐代律令法の岩盤となった。

礼楽のうち礼書の編纂は、秘書監牛弘・礼部尚書辛彦之（?～五九一）等が中心となり、五八三年、北斉の儀注を基礎に南斉の王倹（四五二～四八九）の礼論を少しく採用して、『隋朝儀礼』一〇〇巻を編纂し、五八五年、この新礼を施行した。国のかたちをささえる律・令・礼・楽の四項のうち、律・令・礼三項は、五八一年から五八三年までに完成し、隋朝国制の大勢が整った。

雅楽を中心とする楽制は、五八二年から五九四年まで、あしかけ一三年にわたって展開した楽制改革会議（開皇楽議）をつうじ、様ざまな議論と政治過程の紆余曲折をへて完成した。この会議は、礼楽に関する経学や歴代の楽制・故事、および民間音楽や西域からもたらされた音楽を参照・検討し、宮廷の祭儀・儀礼に用いる雅楽の音律・歌辞を確定した。それとともに、宮廷音楽として燕楽（饗宴音楽）、鼓吹楽（鮮卑系軍楽）、散楽（サーカス、仮面舞楽等）の領域を画定した。この宮廷音楽の区分は、唐代楽制にも継承され、そのうち燕楽・散楽の舞楽・楽曲は、日本雅楽の源流となった。

このような宮廷音楽の画定は、民間音楽との区別を明確にすることであり、唐代後期以後に展開する俗楽、これをふまえて南宋以後各地で叢生する「中国民族音楽」形成の出発点にもなった。その意味でこの開皇楽議は、隋朝国制の仕上げであるとともに、中国音楽史上画期的な会議となった。

総じていえば、隋・唐初期の政治権力は、軍事力を関中に凝集させる関中本位政策＝府兵制のもとに結集する関隴地域集団が掌握した。しかし国制の基盤となる律令法制と礼楽典章は、漢魏古典文化を継承する北魏の孝文・北斉系統と南朝梁・陳系統との二系統の政治文化によって再構築されたのである。

地方官制改革と統治の集権化

文帝の国制改革は、中央官制にとどまらず、①地方官制改革による皇帝権力の集権化、②吏部尚書の統一的人事と君臣関係の一元化、③貢挙（科挙）制施行におよんだ。最初に、①地方官制改革と集権化の問題をとりあげよう。

地方官制改革の第一は、五八三年、後漢末以来の州郡県三級制のうち、郡を廃止して州県二級制にしたことである。これによって地方機構は簡素化され、実質的には秦漢期の郡県制にもどった。第二代煬帝《ようだい》は、六〇七年、州を郡にあらため、名実ともに郡県制とした。

第二は、州刺史や郡太守がもっていた軍事権力を中央へ回収し、軍制を集権化したことである。三国の分裂期以後、州刺史や郡太守は、将軍号を帯びて「某某将軍都督某州諸軍事」などを兼任するようになり、州刺史の本来の行政官府(郷官)と将軍としての軍事官府(府官)の両系統の官府と属吏を統率し、行政権力と軍事権力をあわせて掌握した。

州刺史・郡太守による郷官系属吏の人事権は、漢代と同様に行使され、府主と属吏とのあいだには第二次君臣関係が再生産された(一三七頁参照)。司馬や参軍などの府官系属吏上層の人事権は、中央政府にあったが、州刺史・郡太守は、府官系属吏とのあいだにも事実上の君臣関係を形成することがあった。

文帝は、まず州刺史の将軍号を廃止し、州刺史のもつ軍事権力を中央に回収し、州を行政官府にもどした。さらに五九五年、郷官系の属吏を廃止し、かわりに中央政府の人事権下にあった府官系属吏を州府の属吏として位置づけなおし、州府の属吏を一本化した。刺史の属吏人事権は、たくみな入替えによって中央化され、刺史の人事権は政治的権限をもたない下層の吏員に限定されたのである。

かくして、②吏部尚書の統一的人事と君臣関係の一元化がもたらされた。すなわち、地方官

図31　舞蹈図（新靺鞨）．「新靺鞨」は雅楽右舞の舞楽．大史二人（赤衣），小史二人（紺袍）の四人舞．古式では紫袍の人物が立ち，王であるという．屈腰して舞うのは，拝礼舞蹈の様子を表現するという．舞蹈の礼容を知る手がかりになるであろう．

府の属吏層上層までを含んで、中央政府の吏部尚書が統一的に人事権を行使することとなった。この結果、皇帝-命官（品官）の範囲が地方属吏上層まで拡大されるとともに、漢代以来の二重の君臣関係は廃棄され、皇帝権のもとに一元化された。

これとともに皇帝への臣従を表現する礼制も一元化した。元会儀礼などにおける臣従儀礼は、官品・爵位の差等によって質《ち》物を異にして皇帝に奉呈する「策命委質」儀礼であった（一三九頁）。文帝は、これを排除し、「舞蹈」とよぶ所作を替わりに導入した（図31）。これは、官職任命や賜物受領など、皇帝の恩をうけたときに、ただちに感謝と臣従をしめすためにおこなう一連の所作である。元会儀礼の際には、数万人の参加者が一斉に「舞蹈」をおこなって、臣従を誓うようになった。「舞蹈」礼の起源について、南宋の朱熹（一一三〇〜一二〇〇）は、わからないとしつつも、北魏であろうと推定している。元会儀礼における「舞蹈」は、明代まで継承された。

九品官人法から科挙制へ

③貢挙（科挙）制施行にうつろう。命官が構成する上層官僚は、二二〇年、陳群（?〜二三六）の提案により、九品官人法（九品中正法）によって任用することとなった。漢代以来の茂才（秀才）・孝廉などの察挙制度も存続し、九品官人法と並行して官吏登用、人物貢献の基本制度となった。九品官人法は、地方の人物に官人資格を認定する制度であり、察挙は地方州郡から官人候補となる有為の人物を貢献する制度である。

九品官人法にもとづく官吏登用は、二つの段階をふむ。第一は、州や郡に中正官とよぶ審査官を置き、個人の人格・才能や父祖の官歴にもとづいてその地方の人物を審査し、九品九等級に格差づけして郷品を画定し、官人資格（士名）を付与する段階である。

官人資格は、戸籍（名籍）に注記されるので士名とよび、士名をもつ士人は、徭役免除の特権をもっていた。士人には富裕なものも多いが、士名をもつ要件は資産ではなかった。それは、理念的には古典的教養によって陶冶された人格をもち、物欲に支配されない「清倹」「清白」の信条にもとづいて地方社会で生活するところにあった。郷品の決定には、各地方社会の士人層が形成する人物評価（輿論）が大きな役割をはたした。

西晋時代には、多いばあいには一郡国に数千人の士人（『晋書』劉毅伝）、全国的に約五、六〇万人の士人が存在した。西晋の国家登録戸口数は二四五万戸・一六〇〇万人であるから、士人の構成比率は三・五％前後に過ぎない。同じく百姓身分にありながら、士人は、農・工・商に従事する庶民とは明確に区別されたエリートである。

第二は、この官人資格の内容・郷品を考量して、吏部尚書が任用と官品・官職を決定し、皇帝が任命する段階である。西晋を例にとれば、その官僚定数は、中央・地方あわせて六八三六人であった。約五、六〇万人の士人のうち、任官者はおおむね一％あまりであった。任官できない多くの士人は地方社会に広く散在して生活した。

九品官人法の運用によれば、士人が最初に任官する際には、郷品より四品くだった官品から出身し、順調にいけば最終的には郷品に対応する官品まで昇官できた。たとえば、郷品二品の官人資格を与えられた人物は、原則的には六品官から出身し、最終的に二品官まで昇進することができた。

しかし数世代をへるうちに、この運用は、しだいに人格・人才よりも官職・官位に重点が置かれるようになった。郷品二品の士名をもつ家(門地二品の家)は、やがて淘汰・選別されていき、歴代高官を輩出する数十家に限られるようになった。西晋時代には、九品官人法によって士人層内部にも階層化と門閥化が進行し、家格による官吏登用が確定した。

北魏も太武帝期にはすでに九品官人法を用いていた。その運用が本格化したのは、孝文帝の「姓族分定」以後である。こうして北朝でも皇帝権力を中心に門閥化はすすんだ。ただ北朝では、北周による荊州・北斉征服、隋による南朝征服によって、山東門閥、江南門閥の地位が格段に低下した。また胡族の純朴の気風を反映して賢才主義による官人登用も模索された。このような経緯や風潮のなかから、文帝は、五八七年、諸州から毎年三人の貢士を中央に推薦させ、試験を課す貢挙（科挙）を開始した。さらに五九五年、州の郷官系属吏を廃止したとき、同時に九品官人法を廃止した。

貢挙は、試験制度による開かれた自薦制の登用法である。それは、秀才科・明経科・諸科などの科目を立てて貢士を試験し、合格者に官人資格をあたえる制度である。煬帝は、さらに詩賦の能力をも試験する進士《しんじ》科をもうけた。唐代にはいって、則天武后の治世期に進士科が重視されるようになると、貢挙は、その基盤を拡大し、門閥を解消する橋頭堡となっていった。

煬帝――長城と大運河

陳朝征服の総司令官をつとめた文帝の次男楊広は、六〇四年、文帝急死のあとをうけて皇帝に即位した（煬帝、在位六〇四～六一八）。煬帝《ようだい》治世期の六〇九年には、国家登録戸口数は、八九〇万七五四六戸、四六〇一万九九五六人にのぼった。計算上一戸に一正丁と数えるので、毎年約九〇〇万の正丁を正役として二〇日間使役することが可能となる。

六〇五年、煬帝は、首都大興（長安）とは別に、毎月正丁二〇〇万人を動員して洛陽に都城を造り(東都)、天下の富商数万家を移住させて、事実上の首都とした。この両都制は、王莽の両畿制の復活であり、唐の両都制にも受け継がれた。

煬帝は、同年さらに、河南地域の男女、のべ一〇〇余万人を徴発し、黄河の板渚《ばんしょ》(河南省滎陽県)から淮水につうじる通済渠を造営した。これにより、五八七年につうじていた淮水・長江間の運河(山陽瀆《さんようとく》)と一体となって、中国史上はじめて華北と江南の二大地域が運河によって結ばれた。これは、東晋・南朝期の開発によって余剰物資が増加した江南地域から、多くの人口を抱える洛陽・長安の首都圏へ物資を運ぶための工事であった。煬帝は、さっそく宮殿を模した龍舟とよぶ巨大艦船に乗り、文武官僚たちにも艦船をあたえ、大運河を利用して江都(江蘇省揚州市)に行幸した。その船団は、連なりあって一〇〇キロに及んだという。

六〇七年七月、煬帝は、一〇〇余万丁を徴発して楡林(内モンゴル自治区トクト南)から紫河(山西省朔県北部)に至るまで長城を築いた。工事は一〇日で終了したが、半数以上の死者が出た。

六〇八年正月、煬帝は、河北地域の男女、のべ一〇〇余万人を徴発し、河南省武陟《ぶちょく》県付近の黄河から水を引いて涿郡《たくぐん》(北京市)にいたるまでの大運河を開削した。これを永済渠という。ここでも男丁だけでは足りず、徴発対象とならない女性までかりだすことになった。

その七月、また丁男二〇余万人を徴発し、楡谷(青海省西寧県西)から東に向かって長城を築いた。永済渠は東の高句麗遠征に備え、長城は北の突厥および西の吐谷渾《とっよくこん》(支配層は鮮卑慕容部系種族）遠征に備えるための建造物であった。

六〇九年、煬帝は、西方の青海地方に拠っていた吐谷渾を破り、東西四〇〇〇里（約二〇〇〇キロ）、南北二〇〇〇里（約一〇〇〇キロ）の故地に州・県、鎮・戍を設置して隋の領土とした。

こうして六一二年から三年間にわたり、煬帝は、ついに高句麗に三度遠征する。第一次遠征軍は、兵士一一三万余、兵站の男丁は二〇〇余万、三五〇万近い編成となった。兵士のうち三〇万五〇〇〇余人が遼水を渡って高句麗を攻撃したが、遠征後、遼東城（遼寧省遼陽県）に帰還したものは二七〇〇人であったという。三度の遠征は、すべて失敗に終わった。高句麗遠征をきっかけに、土木事業や軍役で疲弊していた全国土で反乱があいついだ。そのさなか、煬帝は、六一八年三月、巡行中の江都で部下に殺害され、事実上隋は滅亡した。

二　天可汗の大唐帝国

唐の成立――「秦王破陣楽」

隋末の混乱のさなか、太原（山西省太原市）を守っていた李淵は、その機に乗じて六一七年七月に挙兵した。三万の兵を率いた李淵は一気に進軍し、わずか四カ月後の一一月には、戦うことなく長安に入城した。そのとき軍勢は二〇余万にふくれあがっていた。李淵は、ただちに隋の代王楊侑《ようゆう》を擁立して天子とし、生死不明の煬帝を太上皇とした。翌六一八年五月、隋の天子から禅譲され、李淵は唐の初代皇帝（高祖、在位六一八〜六二六）に即位した。ただ、各地にはなお群雄が割拠していた。

各地の群雄をつぎつぎに平定していったのは、李淵の次男、秦王李世民である。李世民は、ほぼ一〇年をかけて群雄を攻略していった。六二〇年四月、李世民は幷州（山西省）を拠点に割拠していた劉武周を破った。このとき、民衆が歌いかつ舞いはじめたのが「破陣楽《はじんらく》」である。そのご天下平定の進展にともない、その攻略過程と陣容は、民衆や軍士によって歌いかつ舞い継がれた。それらは、六二七年、五二楽章からなる「秦王破陣楽」にまとめられ、一二〇人の楽人が演舞するようになった。

「秦王破陣楽」は、当時民間で大流行した亀茲《きゆうじ》楽の旋法を用いていた。この旋法は南インドの旋法に由来した。そのためもあってか、同時代のインド諸国でも多くの人びとが歌った。カチュンギラ国に巡行中のハルシャヴァルダナ王（戒日王、?〜六四七）と会見した玄奘三蔵（六〇二〜六六四）は、この舞楽について王から質問を受けている（『大唐西域記』羯若鞠闍《カーニャクブジャ》国、迦摩縷波《カーマルーパ》国条）。日本でも七五二年の東大寺大仏開眼供養会で二種類の「破陣楽」が演舞され、今日の日本雅楽にも三種の「破陣楽」の舞楽名が伝わっている。李世民の天下平定の雄姿は、摩訶至那《マハーチーナ》（大秦）をこえて、世界にひろまったのである。

六二六年六月、李世民は部下を率い、宮城の北門にあたる玄武門で兄の皇太子李建成(五八九〜六二六)、弟の斉王李元吉(六〇三〜六二六)を襲撃して殺害した(玄武門の変)。高祖は、ただちに李世民を皇太子とし、二カ月後、李世民が即位して第二代太宗(在位六二六〜六四九)となった。

太宗は、隋の事業を引き継いで、つぎつぎに国制を整備し、唐朝三〇〇年の基礎をつくった。それはのちに、その治世の年号をとって、「貞観の治」とたたえられた。

天可汗——中華帝国の形成

六三〇年、太宗は、隋末の混乱に乗じて勢力を復興していた東突厥を破り、その首領である頡利可汗《けつりかがん》を捕らえた。この時、東突厥に従属していた西北諸族の君長は、太宗に天可汗の称号を献上した。「こうして璽書を下し、君長を冊命するときには、あわせて天可汗と称した」(『旧唐書』太宗本紀)のである。

太宗は、かれら君長やその後に服属してきた周辺諸族の部族・種族ごとに州県を設置し、君長・首長が率いる種族の規模に応じて都督や州刺史に任命し、世襲させた。これら自治を許された諸種族の州県は羈縻《きび》州とよばれ、辺境に設置された都督府・都護府が統制した。

太宗は、直接統治する中国の州県制と間接的に統治する周辺諸種族の羈縻州からなる天下を統治することになった。六四六年一二月、鉄勒《てつろく》・ウイグル諸族が朝見してきたとき、「余は今や天下の主である。中国と夷狄とにかかわらず、すべての人びとを養活する」(『冊府元亀』一七〇)と述べている。太宗は、天下の主として、中国と北方遊牧世界の王権を一人で兼ねたのである。天可汗の称号は、こののち第八代代宗李豫《りよ》(在位七六二～七七九)の時代まで、北方諸族が中国皇帝をよぶ称号となった。

可汗は、すでに見たように北方遊牧民の首長の称号であり、華北を統一した北魏初期の皇帝・天子がこれを兼ねて自称したことがある。突厥など北方遊牧民は、唐を鮮卑拓跋部が建国した北魏から始まる国家群のひとつと見ていた。皇帝号と可汗号を併用した北魏を唐が継承したことも、太宗に天可汗の称号が献上された理由だったとみてよい。モンゴル高原と中華世界にまたがる広大な領域を支配した太宗の天可汗号は、北の遊牧世界と南の中華世界との相互作用圏形成が生み出した新たな中国、第二次中華帝国の誕生を象徴する事件だった。

金輪聖神皇帝武曌——封禅の政治学

太宗のあとを継いだ第三代高宗李治(在位六四九～六八三)は、もともと病弱であった。六五七年以後、高宗の病状が重くなると、皇后であった武曌《ぶしょう》(照の則天文字)は、ともに朝政に臨んで官僚の上奏を決裁し、政治に参加するようになった。六八三年、高宗が亡くなったのち、皇帝位に就いていた実子の李顕（中宗）・李旦（睿宗）を押しのけ、武曌は、ついに六九〇年、皇帝の位に就き、自ら聖神皇帝（在位六九〇〜七〇五）と称し、国号を唐から周に改めた。ここに唐王朝の皇統はいったん滅びた。武曌が受命して李氏の権力を革《あらた》めたので、これを「武周革命」とよぶ。

聖神皇帝武曌は、仏教を重視し、優遇した。即位の直前には、沙門一〇人に『大雲経』（実は『大雲経疏』）を撰述させ、武后が天命を受け、弥勒仏として下生し、閻浮提《えんぶだい》（人間世界）の主となることを宣伝した。さらに武后は、天下全国土の諸州に大雲寺を建立し、『大雲経疏』を講義させて、その権力の正当性の浸透をはかった。

六九二年、聖神皇帝武曌は、さらに金輪聖神皇帝と称して皇帝号に仏教的世界観にもとづく金輪聖王号を加えた。仏教の娑婆世界（三千大千国土）の中に、須弥山《しゅみせん》を中心とする四天下（四洲、東方毘提訶《ヴィデーハ》洲、南方閻浮《ジャンブ》提洲、西方瞿陀尼《ゴーダニーヤ》洲、北方拘盧《クル》洲）があり、そのうち閻浮提が人間世界であった。金輪聖王は、人間世界と他の異世界とを合わせた四天下全世界を統治する仏教世界最上位の王権である。

六九五年、金輪聖神皇帝武曌は、さらに天冊金輪聖神皇帝と称した。天冊は天によって冊立されたことを意味する。翌年、天冊金輪聖神皇帝は、洛陽南方に位置する中岳嵩山《すうざん》で封禅祭祀を挙行した。

封禅は、皇帝・天子が自らの天下統治の完成を天地に報告し、天下秩序の永続を祈念する祭祀儀礼である。中国史上にあっては、すでに秦始皇帝、漢武帝、後漢光武帝の三人の皇帝が挙行していた。唐代にはいって、六六六年、六〇〇年ぶりに高宗が泰山封禅を挙行した。唐代の封禅の特色は、天地祭儀に加えて会同儀礼を導入し、国内の官僚、地方使節団のほかに、外国・諸種族からの使節団を参加させて、天下泰平を誓わせたところにある。六六六年の封禅には、突厥・于闐《うてん》・波斯《ペルシア》・天竺諸国のほか、六六三年の白村江の戦いに敗北した倭国・旧百済も新羅・高句麗の使節とともに会同儀礼に参加し、朝鮮半島の平和を確認し、その永続を誓った。

天冊金輪聖神皇帝武曌は、皇帝・天子・金輪王として封禅祭祀を挙行し、周の天下統治の完成と四天下の太平とを天地に報告し、天下秩序の永続を祈念した。天冊金輪聖神皇帝の統治は、人間世界をはるかに凌駕していく志向をもつ帝国支配であった。

玄宗の再受命

七一〇年六月二日、則天武后のあとをうけて即位し、唐を復興した中宗李顕(在位七〇五～七一〇)が韋皇后に毒殺された。則天武后の孫李隆基は、その二〇日、玄武門でクーデタを起こした。かれは、皇后韋氏とその勢力を排除し、二五日、父睿宗李旦(在位七一〇～七一二)を即位させた。武則天・韋皇后一族がひきおこした宮廷内の皇帝権力をめぐる混乱(「武韋の禍」)を平定した李隆基は、まもなく父から権力を譲られ、第六代皇帝となった（玄宗、在位七一二～七五六）。

玄宗の治世期、唐王朝は最盛期を迎えた。七二五年、玄宗は、泰山で封禅祭祀を挙行し、「武周革命」によって中断した唐の再受命と太平の到来を天地に報告した。玄宗の封禅も祭儀の基本は、高宗の封禅にならった。その様相を一瞥しておこう。

車駕行列が東都洛陽を出発したのは、一〇月一一日、百官・周辺諸族首長が従行し、宿泊の各駐屯地では数十里（約一五キロメートル）にわたって人畜が野を被い、担当官司が車に積む祭儀用諸物は数百里（約一五〇キロメートル）の間に連なったといわれる。一一月六日泰山に到着、九日冬至、行列を整えて山下到着、その日に①封祀礼（祭天儀礼）を、一〇日に②登封礼（玉策埋納儀礼）を、一一日に③降禅礼（祭地儀礼）を、一二日に④朝覲礼（会同儀礼）をそれぞれ挙行している。祭儀には、突厥・大食・五天竺・契丹・日本・新羅等諸国や諸族首長が参列した。泰山山下には、にわかに諸国・諸種族の集合する一大政治都市が出現した。

このころ「天下の州府は三一五、羈縻の州はあらまし八〇〇」（『大唐六典』戸部尚書条）あり、七四〇年の国家登録戸口数は、八四一万二八七一戸、四八一四万三六〇九人にたっした。後世、その治世の前半の年号をとって「開元の治」とよび、称賛した。

「開元の治」の陰翳

再受命を果たした玄宗の治世初期、宰相姚崇《ようすう》（六五一〜七二一）、宋璟《そうえい》（六六三〜七三七）らが政治を輔佐し、科挙出身の新進官僚を登用して統治の刷新と安定に努めた。その結果、帝国の上層は安定期にはいった。しかし宮廷政治の安定とは裏腹に、すでに武則天統治期以来、地方社会では農民が戸籍を離脱する逃戸現象、さらに進んで本籍地まで放棄する浮戸・客戸現象が蔓延していた。開元初年には、これが社会問題となるとともに、税役収取に支障をきたすようになり、国家の財政問題にもなっていた。

七二一年、玄宗は、宇文融に命じ、逃戸・客戸および戸籍記載外の耕作地を調査摘発して簿籍に登録しなおし、逃戸・客戸には軽税を賦課するだけにしてその編戸化をはからせた。その結果宇文融は、八〇余万戸の農民とそれに相応する耕作地を摘発して戸籍に登録させ、税銭百万銭を宮中に納入することができたという。これを宇文融の括戸《かっこ》政策とよぶ。ただこれも、その場しのぎの政策にすぎなかった。

七八〇年の両税法施行にあたって、その立案者楊炎（七二七〜七八一）は、開元年間の政治の問題点をつぎのように指摘している。開元年間、玄宗は寛仁を統治理念とし、戸籍を正確に管理しなかった。そのため、人丁数・耕地面積・戸等（各戸の財産規模により九等級に区分した。臨時の税役等を等級に応じて負担させた）を正確に把握できず、戸部は古くて実体のない戸籍を管理するだけで、社会の実情を把握できていなかった。また開元年間の対外戦争によって辺境警備の兵士(防人)の多くが死亡したにもかかわらず、戸籍の紊乱と辺将たちの死亡申告の怠慢によって、死亡兵士の戸籍がそのまま残されるようになった。天宝年間(七四二〜七五六)にはいって租税徴収が厳しくなると、残された死亡兵士の旧戸籍にもとづいて、六年間の防人負担期間だけを除いて、三〇年間の租税追徴をおこなうようになり、租調役制が機能しなくなったのである(『旧唐書』楊炎伝)。

開元年間を機に逃戸現象からはじまる戸籍管理の混乱は、租調役制と軍制の危機を頂点にまで高め、唐の律令制支配は大きく変容していく。唐の律令制とその変質について、つぎに考えてみたい。

三 『大唐六典』の唐代国制

『大唐六典』

七三八年、宰相李林甫(?〜七五二)が『大唐六典』三〇巻を玄宗に奉呈した。『大唐六典』の編纂は、七二二年にはじまり、開元七年令(七一九)や格・式などの法令条文を基礎資料とし、これを分解し、『周礼』の六官制(天官冢宰《ちょうさい》、地官司徒、春官宗伯、夏官司馬、秋官司寇、冬官考工

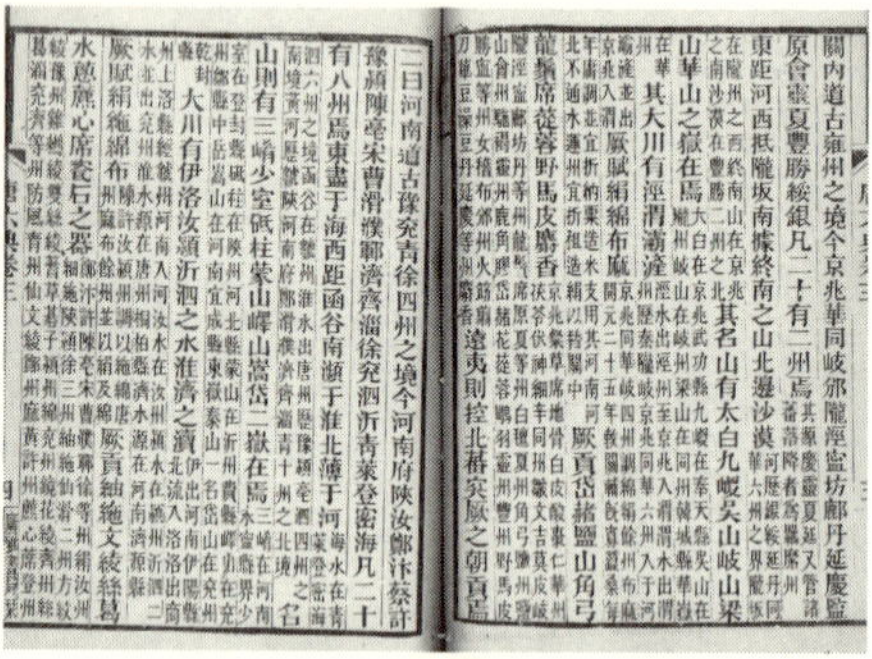

図 32 『大唐六典』巻 3 戸部尚書．右半葉には関内道，左半葉には河南道の所属州，四至，名山・大川，賦(庸調物)，貢献物，朝貢種族名が記されている．

記)を参照して、三省六部・九寺等の官制ごとに再編集したものである(図32)。

『大唐六典』は、唐人自身が唐代国制の全体をまとめたものであるから、同時代史料としての価値がきわめて高い。あしかけ一七年にわたる編集作業であったため、もとになった七一九年当時の律令官制がすでに変化してしまったものもある。そのため、開元二五年令(七三七)や七三八年の勅令などをふまえて、注記をくわえるところが多多ある。換言すれば、『大唐六典』は唐代律令制とその変容過程を記述しているのである。その主な記述を紹介し、開元期の唐帝国とその変容のありさまをみることにしよう。

唐代律令制の国家機構

唐代律令制の国家機構は、隋が創りあげた国家機構をひきつぎ、三省六部と一二衛府が代表する中央政府（『大唐六典』巻一～巻二九）、および州県制と都督府鎮戍制からなる地方機関（巻三〇）によって構成される（表11）。『通典』一九によれば、国家機構を運営する官人は一万八八〇五人、下層の吏員までふくめると総計五万七四一六人であった。この官吏のほか、百姓から徴発された約三〇万人の人びとが各機関で様ざまな労務に従事した。

表11　『大唐六典』官制一覧

巻	官　名	巻	官　名
1	三師・三公・尚書都省	16	衛尉寺・宗正寺
2	吏部尚書	17	太僕寺
3	戸部尚書	18	大理寺・鴻臚寺
4	礼部尚書	19	司農寺
5	兵部尚書	20	太府寺
6	刑部尚書	21	国子監
7	工部尚書	22	少府監
8	門下省	23	将作監
9	中書省	24	左右衛・左右驍衛・左右威衛・左右領軍衛
10	秘書省	25	左右金吾衛・左右監門衛・左右千牛衛・左右羽林軍・折衝府
11	殿中省	26	太子三師・三少・太子詹事府・左右春坊
12	内官・宮官・内侍省	27	太子家令寺・太子率更寺・太子僕寺
13	御史台	28	太子左右衛率府・諸率府
14	太常寺	29	親王府・親王国・公主邑司
15	光禄寺	30	京兆・河南・太原府，都督府，州県，都護府，鎮戍嶽瀆関津

三省は、政策立案機関である中書省・門下省、および行政の執行機関である尚書省からなる。この三省の長官である中書令二名、門下侍中二名、尚書左右僕射（尚書令は李世民が就任したことがあるので欠員）の六名が本来の宰相であった。のちに他官在任者に「同中書門下三品」「同中書門下平章事」などの肩書をつ

けて宰相の列に加えるようになった。宰相は数名で構成され、政事堂(中書門下)に事務局をおき、合議制で政策立案をおこなった。

尚書には、尚書都省の下に吏・戸・礼・兵・刑・工の六部尚書があり、各部には戸部尚書の戸部司・度支《たくし》司・金部司・倉部司のように四つの官司がもうけられた。尚書省は、全体で六部二四司の体制をとった。

尚書省は、各官司が担当する専門の文書行政をあつかう機関である。実際の行政実務は、太常寺・太府寺など九寺とよぶ九つの機関が、関連する六部からの文書による指令をうけて実施した。

九寺のほかには、実務機関として少府監・将作監などの作事官府や人材養成機関である国子監が置かれ、また再審案件の審問や官僚の犯罪を摘発する監察機関として御史台が置かれた。

中央政府を構成する軍事機構として、宮廷・都城を守備する南北禁軍がある。南衙禁軍は、一二衛府からなる。各衛府は、宮城の南にある皇城内に置かれたため、これを南衙禁軍とよんだ。

元来皇帝の親衛部隊として発足し、召募によって選抜された軍士で編成するのが左右羽林軍である。かれらは、宮城の北門である玄武門一帯に駐屯したので北衙禁軍とよんだ。七三八年には、左右羽林軍から左右龍武軍が分立し、北衙四軍となった。太宗と玄宗がともに玄武門でクーデタを起こしたのは、北衙禁軍の統制如何が宮廷制圧の成否を決したからである。

南北禁軍の主力である一二衛府の兵士を衛士とよび、各衛府に約一万人、全体で十数万の衛士を擁した。衛士は、全国に散在する折衝府の府兵のなかから、順次当番兵として係属する衛府に派遣された。折衝府は全国に五九四府あり、一折衝府には平均で一〇〇〇人の兵士が所属し、府兵は約六〇万人を数えた。

折衝府を設置する州を軍府州とよぶ。軍府州は長安周辺の関中、東都洛陽の周辺ならびに西北地方一帯に偏在した。それは、東魏・北斉に対抗するために、関中に強兵を集中する関中本位政策をとった西魏二四軍に由来する禁軍だったからである。征服された旧北斉の山東(河北・河南)地域や南朝の江南地域には、したがって折衝府を置くことはごくまれであった。

衛府に番上しない府兵は、農民として生活し、農閑期である冬期一二月に折衝府で軍事訓練をおこなった。一二衛府 - 折衝府がもちいる軍楽は、鮮卑軍楽に由来するもので、開元年間まで鮮卑語で歌われることもあった。それは、府兵制が遠く北魏代人集団に淵源することをものがたる。

唐代の地方機構

唐代の地方行政は、州県制であった。天下の州府は三一五州、県の数は『六典』に記載はないが、一五七三県である（『通典』一七二）。州県の外縁辺境には、約八〇〇の羈縻州を置いた。すでに述べたように、羈縻州は、投降してきた異種族をその勢力に応じて都督・刺史に任命し、世襲と自治を許した。州県・羈縻州の範囲が唐の天下の領域である。

州県・羈縻州は、監察領域である一〇の道に分属した。『六典』は、『尚書』禹貢篇の九州にならって、道ごとに所属州府・羈縻州、賦（庸・調の絹・麻・綿布等）の種類、貢献物の種類、羈縻州の外にある諸種族とその貢献物を書きあげている。これは開元二五年令にもとづく唐の最盛期の記述であり、貢献制を共通の基盤にする州県制・羈縻州・遠夷からなる帝国領域を描写している（図33）。

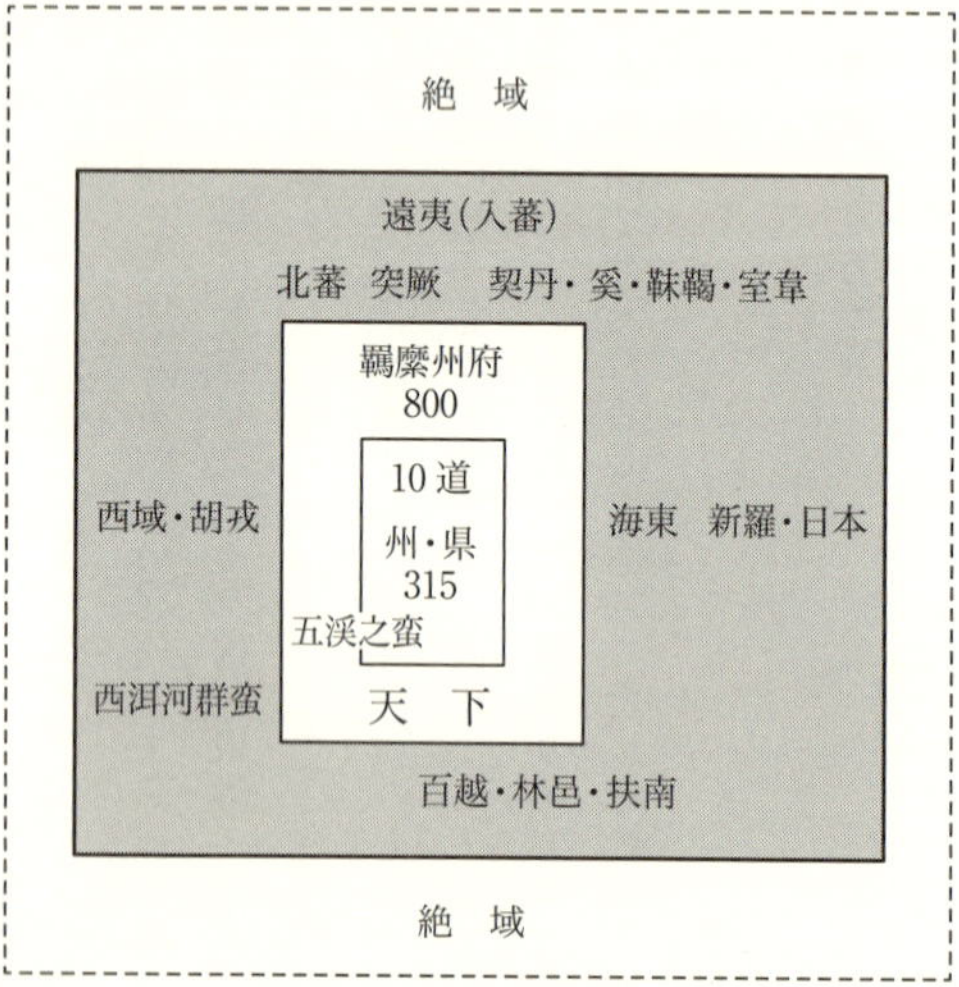

図33 大唐帝国概念図

唐の地方軍制には、州県制に対応して都督府－鎮－戍系統の軍事機構があった。その兵を防人・防丁および、各州県の百姓正丁(二一〜五九歳男性)から徴発された。都督府－鎮－戍系統に属する防人は、北魏三長制下の一五丁一番兵の丁兵制に由来する兵士で、禁軍を構成する衛士とは全く異なる兵種である。

防人が勤務する鎮戍は、品官である鎮将・戍主を主帥とする軍事組織であり、辺境を中心に設置されただけでなく、内地にも設置された。開元年間には全国で二四五の鎮、三四二の戍、総計五八七カ所の鎮戍があり、約七万の兵員定数があった(『大唐六典』兵部尚書)。これに加えて、鎮戍を管轄する全国四六カ所の都督府をはじめ、各地の関《かん》(関所)・津《しん》(渡し場)、州県の城門・倉庫にも防人が配備された。開元年間には、少なくとも十数万の防人が都督府・州・県・鎮・戍・関・津に常駐し、三〇〇州・一五〇〇県の城門・倉庫等を守衛したと考えてよい。

欧陽脩が執筆した『唐書』兵志以来このかた千年余り、唐の軍制は府兵制のみであり、府兵が衛士・防人・行軍などすべての軍役をになったと誤解してきた。その成果は、いささかの疑念もなく、今日の世界史の教科書の記述だけでなく、内外すべての唐代史の専門研究書にも反映している。唐人の手になる『大唐六典』を読めば、唐の軍制は、一二衛－折衝府－府兵制からなる中央南衙禁軍の編成と都督府－鎮戍－防人制の地方軍制の両系統からなることは歴然としている。主として開元年間にはじまる節度使の設置は、府兵制の崩壊からではなく、都督府鎮戍制をひとつの拠点としてあらたに展開したものである。いまや千年の誤解から解放されるべき秋《とき》である。

郷里制と坊村制

『大唐六典』戸部尚書条は、二つの郷村制度を記述している。ひとつは郷里制である。これは、三世紀以来の帳簿上の郷里の系譜をひく制度であり、百戸を里とし、五里・五百戸を郷とする。里には里正を置いた。里正は、各戸主から自主申告（手実《しゅじつ》）される戸口・田土額にもとづいて一里百戸の戸籍（三年に一度）・計帳（毎年）を作成し、戸籍・計帳にもとづいて租調役・兵役を収取し、徴発する。里正は、戸口・税役管理のほか、治安維持と農業奨励を任務とした。

郷には吏員を置かない。郷は、五里分の戸籍を一巻にとりまとめて県に報告する帳簿上の単位であり、また収取した税役を県に納入する基礎単位でもあった。各県の役所には、所属各郷の郷司が設置された。郷内の五人の里正が輪番で郷主をつとめ、郷司の案《デスク》の上で簿籍・税役の管理をおこなった。三世紀以来、郷里に聚落の実体はない。

七五四年の戸部の報告によると、「天下の郡（州）は三二一、県は一五三八、郷は一万六六八二九、戸は九〇六万九一五四、口は五二八八六万〇四八八」であった。戸部尚書は一万六六八二九巻の戸籍を収納し、これにもとづいて財政を統括したのである。

もうひとつは坊村制である。これは三世紀以来の実体のある聚落である。長安・洛陽の都城内、各州県の城郭内にある居住区が坊で、坊壁をめぐらせて区画した。州県城郭の郊外にある聚落が村である。坊と村には、坊正・村正を置いた。かれらは、主として門の管理や治安維持を任務とした。里正・坊正・村正は、中丁(未成年男子)や軽度の身体障害者が担当することもあり、徴発制の義務的吏役である。帳簿上の郷里制はもとより、坊・村は自治聚落ではない。郷里制と坊村制とをつなぐのが戸・戸籍である。

大唐帝国の皇帝・官人・官吏からなる数万人の支配階級は、黄麻紙でつくられた一万数十巻の戸籍のうえに屹立し、戸籍をつうじて九〇〇万戸・五〇〇〇万人の百姓を支配しているのである。

「均田制」の完成と崩壊

『六典』戸部尚書条は、唐代の「給田之制」として、①百姓給田、②官人永業田、③諸州公《こう》廨《かい》田、④官人職分田をあげ、その詳細を記している。①百姓給田は、表12「唐代百姓給田規定」のとおり、丁男一〇〇畝を基準に、主要労働者・戸主の区別や社会的分業にもとづいて耕作面積に差等を設けて給田している。

②官人永業田は、表3「中国古代の身分制的土地所有」(一一一頁)にみるとおり、爵位・官品の差等にもとづいて、一〇〇頃から二頃までの等級をもうけて永業田を給田している。③諸州

公廨田も各官庁（公廨）の等級にもとづいて四〇頃から二頃までの差等をつけて給田し、そこから上がる小作料を官庁の経費に充当する。④官人職分田は、各官人の職位・官品の差等にもとづいて一二頃から八〇畝にいたる給田を規定している。このように身分・官品・職位・官庁の等級にもとづいて給田面積を規定することが「均給」「均田」の意味である。

表12　唐代百姓給田規定

	口分田(畝)	永業田(畝)
丁男(21〜59歳)	80	20
中男(18〜20歳)	80	20
老男・廃疾等	40	—
寡妻妾	30	—
老男・廃疾等戸主	30	20
寡妻妾戸主	30	20
女丁・黄小中男戸主	30	20
工商業者(寛郷居住)	40	10

唐代給田制のこのような差等にもとづく給田体系の全体構造を眼にしたならば、必ずや前漢の王嘉、東魏の魏収は、「均田之制」がみごとに実施されていると感嘆するに違いない。わたくし自身をふくめて、百姓給田制のみを「均田制」の根幹とするこれまでの均田制理解は訂正する必要がある。

厳密にいえば、中国に制度としての均田制は存在しない。あるのは、前漢の王嘉、東魏の魏収が「均田之制」と評価した、戦国期商鞅以来の爵制的土地所有、官人をふくむ西晋の占田制、北魏で再建が始まり隋唐で完成の域にたっした差等にもとづく給田制の体系である。

近年発見の北宋天聖令田令は、全五六カ条からなる開元二五年令田令のうち七カ条だけ改訂のうえ継承している。七カ条のうちには、③諸州公廨田の改訂条文をのこしてはいるが、それ以外の三種の唐代給田制は、すべて廃棄された。「均田之制」の一部は継承されたが、体系的には唐代律令の給田制は北宋期までには廃絶したのである。

俗にいう均田制についてみれば、開元天宝年間以降、禁じられていた給田の売買が横行し、官人・富豪層による土地の集積が大大的に進行するようになる。百姓の占有地は「永業」「己業」等とよばれ、戸籍に登録する国家成員＝人戸には事実上の土地所有が認められるようになる。この事実上の土地所有を基盤にして賦課されたのが七八〇年にはじまる両税法である。

租調役制

庶民百姓の税役負担に眼を移そう。唐代百姓の基本負担について、『六典』は、「およそ賦役の制には四種あり、一を租、二を調、三を役、四を雑徭という」(巻三戸部尚書条)と述べている。その具体的な負担内容は、一正丁あたり、租として穀物二石(約一二〇リットル)、調として絹二丈(二〇尺約五・八メートル、半匹)・綿《まわた》三両(約一二〇グラム)を、麻布の場合は二丈五尺・麻三斤(約二〇〇〇グラム)を納め、正役として二〇日間の労働に従事することである。

正役は、二〇日間の力役をいう。正役は、百姓の戸籍が存在する州をこえて就役するばあいを言い、その大半は租税財物の輸送労働であった。州内での輸送労働、堰堤《えんてい》の修理や浮橋修築などの補助的労働に就役するときは雑徭・夫役とよび、正役の半分に換算する。したがって雑徭に就役するときは四〇日が一応の限度である。

賦役制(租調役制)は、正役を基本に組みたててある。正役二〇日(雑徭四〇日)をこえて一五日(雑徭三〇日)就役すれば調を免除し、さらに一五日就役して三〇日(雑徭六〇日)になれば租・調ともに免除する。すなわち正役であれば五〇日、雑徭のばあいは一〇〇日就役すれば、賦役負担をすべてはたしたことになる。ただ、正役には五〇日の上限が決められているのに対し、雑徭には上限を明確に設けていないのを特色とする。唐代の農民にとって徭役負担と兵役負担が最も重い負担であった。

『六典』によれば、唐代百姓の負担は、「賦役制」、もしくは「租調役制」というべきである。ところが、唐代百姓の税役負担を教科書や内外の専門書などでは「租庸調」と記述している。これは、すでにみたように司馬光が「均田租庸調の法」と規定したこと、さらには欧陽脩の手になる『新唐書』食貨志に「賦役の法、租と曰い、調と曰い、庸と曰う」という記述に淵源する。欧陽脩は、『六典』の記述を明らかに書きかえている。租庸調は宋人の言説である。

庸は正役二〇日の代替として一労働日あたり三尺の絹、二〇日で六〇尺(六丈、一匹半)の絹を納入することをいう。北宋以後の記述は、唐初以来、代納が基本であったとして「租庸調」制とよんでいる。ただ、不思議なことに唐初以来代納が基本であったことの史料的根拠は示されていない。

さきにみたように唐の賦役制は、正役を基準に組みたてられている。七三三年秋、京兆尹裴《はい》耀卿《ようけい》(六八一～七四三)は、租税・財物の輸送に年間四〇〇万人の輸丁を使用していることに言及している(『旧唐書』裴耀卿伝)。当時の総正丁数は、約七〇〇万丁であり、半数以上の正丁が輸送労働の正役を担当している。このほかにも正丁は、営田丁・飼牛丁・駅丁などのような特定の労働に就役することがあり、また軍役やそれ以外の各種徭役に就いている正丁もいる。したがって、多く見積もっても庸物を代納する者は三分の一にみたなかったとみてよい。同時代人が規定するように、唐代律令制下の負担は、賦役制もしくは「租調役」制とよぶのが妥当である。

『大唐六典』巻二〇太府寺によれば、天下三一六州のうち、租調庸物を貢納する州が一四二州、辺州などとよばれて貢納しない州が一七四州あった。防衛地帯を構成する辺州領域は、貢納領域である「中国」とのあいだに地域間分業を編成した。「中国」の貢納州は、首都圏への財物貢納のほか都督府を中継基地とする財物輸送を担当し、辺州領域にその行政経費や軍事経費を供給した。

唐代の正役・雑徭の就役労働の大半は、この地域間分業にもとづく租税財物の輸送労働であった。辺境への輸送労働はとくに重要で、兵站を兼ねた。兵站には、戦闘員の二倍の労役を必要とする。すでに述べたように隋の第一次高句麗戦役には、一一三万余の兵士の二倍の労役が用いられた。この財物輸送・兵站の集結・分配拠点となるのが都督府であり、兵站のばあいには正丁のほか防人が使用されたはずである。

唐代百姓の負担を租庸調で概括すると唐代の兵役・軍制や財政にかかわる全国的な物流編成の特性を看過することになり、唐帝国の歴史的理解をみあやまる。唐人の記述に従い租調役制と特記すべきである。

開元年間にはいって顕著な問題となる逃戸・浮戸・客戸現象は、この正役・兵役負担から逃れるための百姓の抵抗運動であり、唐代律令制、いや大唐帝国をその深部で掘り崩していく動因であった。

府兵・防人制から健児・募兵制へ

唐代前期律令制下の軍制・軍役は、武則天期にはじまった庶民百姓の逃亡現象、すなわち逃戸の顕在化にともなって、崩壊のきざしが見えはじめ、七一二年頃から本格的な手直しがおこなわれるようになった。その転換点となったのは、七二一年の宇文融による括戸政策であり、国家登録戸数の約一割にあたる逃戸・客戸八〇万戸を検出し、編戸化した。これに連動して翌七二二年八月、宰相張説《ちょうえつ》(六六七〜七三〇)の二つの上奏により、①六〇万人にふくれあがった縁辺守備兵二〇余万人の削減とその帰農、および②兵士召募による中央南衙禁軍一三万人の再編成が実施された。

後者の諸衛禁軍兵士の召募による再編は、ただちに府兵衛士の募兵制化を意味する。府兵衛士は、七二三年一一月に「長従宿衛」一二万人に改められ、さらに翌年二月に彍騎《かくき》と改名されてその実体を失った。七四九年五月、形式化していた折衝府への衛士上番命令の停止によって、府兵制は最終的に抹消される。募兵制は中央禁軍から始まったのである。

防人戍辺の募兵制化は、府兵宿衛制とは異なる展開を示した。当初の防人制は、山東地域すなわち河北・河南道を中核とする一般州府の編戸百姓が中心となって負担した。これは、両都・西北地域にある軍府州の百姓が府兵・衛士をになったのと好対照をなす。防人の主力は、当初毎年一〇月一日を期日とする一年交替制の辺境警備の軍役であった。しかし七一四年をさかいに交替期間が延長されるようになり、七一七年に四年交替制、さらには六年交替制へと転換し、交替期間の延長とともに召募による職業兵士(健児)化が進展した。

はじめに四年、のちに六年交替制にまで延長された防人制は、もはや毎年の耕作を必要とする農民のにないうる軍役ではない。多くの小農民にとって四年・六年におよぶ家内主要労働力の不在は、農業経営の放棄につながる。それは回避されなければならない。農民の主体的な選択の一つとして、それは開元年間の逃戸現象となって結果した。張説の戍兵二〇万人削減と帰農は、その最初の対応であり、募兵制化はより根本的な解決をめざす政策であった。

かくして七三七年五月、詔勅によって兵士は全面的に召募による職業兵士・長征健児制に切り替えられた。『六典』編纂者が「こののち州郡には、徴発制の軍役が永遠になくなった」と述べるように、この長征健児制の成立は、州郡からの徴兵・交替制による防人制の最終的な解体を宣告している。さきに募兵化していた府兵制とともに、最終的に編戸農民を対象とする徴兵制の律令制軍役は解体した。ここに商鞅変法に淵源する「耕戦の士」は最終的に解体し、宋代軍制にまで継承される兵農分業が成立した。

安史の乱のはじまり

玄宗治世の開元年間には、すでにみたように戸籍管理が杜撰になり、戸籍登録地をはなれて移住したり、流亡したりする逃戸が増大し、唐王朝の制度基盤であった給田制(いわゆる均田制)、租調役制、府兵制、防人制も解体し、新たな制度に展開していった。また律令官制の外に節度使、租庸使、転運使など財政・軍事関係の使職が置かれるようになった。使職は、時どきの政治課題に即して設置され、皇帝が直接派遣する形態をとる。臨時の使職のなかには、やがて常置の職となるものが多くでるようになり、律令制による統治機構がゆらぎはじめた。ただ、表面上は太平を謳歌し、七五五年の国家登録戸口数は、八九一万四七〇九戸、五二九一万九三〇九人にのぼった。同時代人である杜佑(七三五〜八一二)は、その著書『通典』のなかで、これを唐の極盛期だと書きのこしている。

様ざまな使職のうち、唐代後半期の歴史に決定的な影響をもたらしたのは、節度使である。節度使は、当初辺境防衛のために設置された軍事機関であり、帝国を体現する政治的装置であった。七一一年に河西節度使(治所は涼州、兵士七万三〇〇〇)を設置したのをかわきりに、開元年間に安西節度使(亀茲城、二万四〇〇〇)、北庭節度使(北庭都護府、二万)、朔方節度使(霊州、六万四七〇〇)、河東節度使(太原府、五万五〇〇〇)、范陽節度使(幽州、九万一四〇〇)、平盧節度使(営州、三万七五〇〇)、隴右節度使(鄯州、七万五〇〇〇)、剣南節度使(益州、三万九〇〇〇)、嶺南五府経略使(広州、一万五四〇〇)の一〇節度使を、唐帝国はつぎつぎに設置していった。

唐の極盛期であった七五五年、范陽節度使安禄山(七〇五?~七五七)が反乱を起こした。

安禄山は、もと営州の雑胡であった。かれは、イラン系ソグド人やトルコ系突厥の血をひき、多言語をよくした。はじめ幽州節度使張守珪《ちょうしゅけい》のもとで軍功をあげて頭角をあらわし、七四〇年に平盧兵馬使となった。ついで七四二年、新設の平盧節度使となった。七四四年には范陽節度使を兼任し、さらに七五一年には河東節度使を兼ね、三つの藩鎮を統制するようになった。この間ほとんど一〇年にわたって、かれは玄宗の寵遇をよそに、ひそかに玄宗の死後に反乱を起こそうと、その機会をねらっていた。

五〇もの使職を帯びて宮廷に並ぶもののない権臣であった楊国忠(?~七五六)は、安禄山とそりがあわず、しばしば安禄山が反乱を起こそうとしていると、玄宗に告げ口した。玄宗がとりあわないので、かれはことあるごとに騒ぎたて、すみやかに反乱を起こさせ、玄宗の信頼をえようとした。安禄山はやむをえず、三人の部下と密かに謀議し、ただちに反乱することを決意した。その他の諸将は、のちに反乱の首謀者となる史思明(七〇五?〜七六一)をふくめて、まったく事情を知らなかった。ただ、八月以来、しばしば士卒を饗応し、馬を肥やし兵器を整備していることに不審をいだいていた。

その冬一〇月四日、玄宗は温泉のある華清宮にでかけて長安を留守にした。一一月九日、おりしも長安から使者が范陽(北京市旧城西)に帰ってきた。安禄山は、これを好機とみて勅書を偽造し、諸将全員を招集した。勅書を諸将に示し、「密勅である。わたくしに命じ、兵を率いて入朝し、楊国忠を討てとある。諸君、ただちに従軍するがよい」と述べると、諸将みな愕然として互いの顔をみあわせるばかり、異見を述べるものはない。

安禄山は、范陽節度副使賈循《かじゅん》に范陽、平盧節度副使呂知誨《りょちかい》に平盧(遼寧省淩源県西北)、別将高秀に大同(山西省朔県)をそれぞれ守備させて後詰とし、節度使支配下にある兵士、およびトルコ種の同羅、鮮卑系の奚《けい》、モンゴル種の契丹、モンゴル種ツングース系の室韋《しつい》の兵士、総勢一五万の兵を二〇万と号し、反乱を起こした。諸将はその夜、范陽を出発した。

翌一〇日早朝、安禄山は薊城(北京市旧城北)の南に姿をあらわし、諸将・兵士を閲兵したのち、鉄製の輿車に乗りこんだ。率いる歩兵・騎兵の精鋭部隊は、薄明のなか千里の彼方にまで煙塵を巻きあげ、軍鼓を打ち鳴らして大地を震撼させ、一路南方の中原洛陽をめざして進軍している。

おわりに

一六三六年、後金国第二代ホンタイジ（清太宗、在位一六二六〜一六四三）は、内モンゴルの四九旗の王侯たちから、ボグド・セチェン・カーンの尊号を受け、マンジュ・モンゴル・漢族の共同の王権として、国号を清と改めた。乾隆帝期に編纂された『東華録』は、これを「天下を領有する称号を定めて清という（定有天下之号曰清）」（巻三崇徳元年四月条）と記述している。清の王朝名は、天下を領有し、支配する称号であった。

また、ジュンガル王国を滅ぼして元朝（大元ウルス）の大領域をほぼ再構築した乾隆帝（在位一七三五〜一七九六）は、中国本部に対するときは天子・皇帝を称し、モンゴル地域に対するときはカーンを称し、チベット地域に対するときは金輪聖王を称した。多種族を一身に統合する清朝の王権は、天下を領有、支配し、その支配下にある諸種族の文化的歴史的特性にあわせ、皇帝・天子・カーン・金輪聖王の四つの君主号を使い分けて天下に君臨したのである。

本巻の読者は、天下を領有する称号（王朝名）と四つの王権の名前は、清朝の創造物ではないことをすでに知っている。天下の名前（王朝名）と天子・皇帝・可汗（カーン）・金輪聖王の称号は、西周以来、秦の始皇帝と王莽の世紀をへて、唐代玄宗期までに継起的に登場したものである。その根柢には、西周期には首都とその近隣地域を指すにすぎなかった「中国」の領域が周辺諸種族・諸地域との相互関係のなかで拡大し変容してきたことがあった。梁啓超が国民を尊重する立場から「中国」と命名することを提唱した大清国の版図と王権の名称は、その最後の姿態であった。

＊

本巻には書くべくして書きえなかった分野が多い。思想・宗教・文学・藝術の分野についてはほとんど省略した。社会と国家との相互関係、社会構成体と支配機構の骨格部分だけを「中国」を参照点にして通史的に叙述したにすぎない。全体史とはとてもいえない。江南の歴史展開をあつかった本シリーズ第二巻の前半は、本巻と時期的に重なり、本巻が省略した分野についてもめくばりよく記述を展開している。本巻の不備は、第二巻が相当部分を解消してくれるであろう。

本巻の執筆過程で第一稿を宮澤知之さん、第二稿を足立啓二さんに読んでいただき、貴重な改訂意見を頂戴した。岩波新書編集部の中山永基さんは、読者目線に立って文章の整理を手伝ってくださった。おかげで文章・内容ともに、草稿よりもはるかに読みやすくなった。中国史シリーズへの執筆を誘ってくださったのは、岡本隆司さんである。通史を書くという貴重な機会をいただいた。最後になったが、四人の方がたに深くお礼申し上げる。

本書の記述が中国・中国史を冷静に理解する一助となれば幸いである。

二〇一九年一〇月二三日

渡辺信一郎

岩波新書/最新刊から

2018 なぜ難民を受け入れるのか
—人道と国益の交差点—
橋本直子著
国際社会はいかなる論理と方法で難民を保護してきたのか。日本の課題は何か。政策研究の知見と実務経験をふまえ多角的に問い直す。

2019 不適切保育はなぜ起こるのか
—子どもが育つ場はいま—
普光院亜紀著
保育施設で子どもの心身を脅かす不適切行為が後を絶たない。問題の背景を丹念に検証し、子どもが主体的に育つ環境に向けて提言。

2020 古墳と埴輪
和田晴吾著
三世紀から六世紀にかけて列島で造られた、おびただしい数の古墳。古墳と埴輪の本質と古代人の他界観を最新の研究成果から探る。

2021 検証 政治とカネ
上脇博之著
政治資金パーティー裏金問題は、今も決着を迎えてはいない。告発の火付け役が問題の本質を抉り出し、ウソを見抜く技を提供する。

2022 環境とビジネス
—世界で進む「環境経営」を知ろう—
白井さゆり著
温室効果ガスの排出削減に努め、開示する「環境経営」が企業の長期的価値を高める。環境リスクをチャンスに変えるための入門書。

2023 表現の自由
「政治的中立性」を問う
市川正人著
本書は、「政治的中立性」という曖昧な概念を理由に人々の表現活動を制限することの危険性を説くものである。

2024 戦争ミュージアム
—記憶の回路をつなぐ—
梯久美子著
戦争の記録と記憶を継ぐ各地の平和のための博物館を訪ね、土地の歴史を探り、人びとの語りを伝える。いまと地続きの過去への旅。

2025 記憶の深層
—〈ひらめき〉はどこから来るのか—
高橋雅延著
記憶のしくみを深く知り、上手に活かせば答えはひらめく。科学的エビデンスにもとづく記憶法と学習法のヒントを伝授する。

(2024.8)

岩波新書より

近代国家への模索 1894-1925　川島　真
革命とナショナリズム 1925-1945　石川禎浩
社会主義への挑戦 1945-1971　久保　亨
開発主義の時代へ 1972-2014　高原明生・前田宏子
中国の近現代史をどう見るか　西村成雄

シリーズ アメリカ合衆国史

植民地から建国へ 19世紀初頭まで　和田光弘
南北戦争の時代 19世紀　貴堂嘉之
20世紀アメリカの夢 世紀転換期から一九七〇年代　中野耕太郎
グローバル時代のアメリカ 冷戦時代から21世紀　古矢　旬

シリーズ 歴史総合を学ぶ

世界史の考え方　小川幸司・成田龍一 編
歴史像を伝える　成田龍一
世界史とは何か　小川幸司

岩波新書より

ノモンハン戦争 モンゴルと満洲国　田中克彦
中国という世界　竹内実
ウィーン 都市の近代　田口晃
紫禁城　入江曜子
ジャガイモのきた道　山本紀夫
創氏改名　水野直樹
フランス史10講　柴田三千雄
地中海　樺山紘一
多神教と一神教　本村凌二
奇人と異才の中国史　井波律子
ドイツ史10講　坂井榮八郎
ナチ・ドイツと言語　宮田光雄
ニューヨーク◆　亀井俊介
離散するユダヤ人　小岸昭
現代史を学ぶ　溪内謙
アメリカ黒人の歴史〔新版〕　本田創造
文化大革命と現代中国　安藤正士・太田勝洪・辻康吾
フットボールの社会史　F・P・マグーンJr・忍足欣四郎 訳

コンスタンティノープル千年　渡辺金一
ペスト大流行　村上陽一郎
ピープス氏の秘められた日記　臼田昭
中世ローマ帝国　渡辺金一
モロッコ　山田吉彦
シベリアに憑かれた人々　加藤九祚
インカ帝国◆　泉靖一
中国の隠者　富士正晴
漢の武帝◆　吉川幸次郎
孔子　貝塚茂樹
中国の歴史 上・中・下◆　貝塚茂樹
インドとイギリス　吉岡昭彦
アリストテレスとアメリカ・インディアン　L・ハンケ・佐々木昭夫 訳
フランス革命小史◆　河野健二
魔女狩り　森島恒雄
風土と歴史　飯沼二郎
ヨーロッパとは何か　増田四郎
世界史概観 上・下　H・G・ウェルズ・長谷部文雄・阿部知二 訳

歴史の進歩とはなにか◆　市井三郎
歴史とは何か　E・H・カー・清水幾太郎 訳
フランス ルネサンス断章　渡辺一夫
チベット　多田等観
奉天三十年 上・下　クリスティー・矢内原忠雄 訳
ドイツ戦歿学生の手紙　ヴィットコップ編・高橋健二 訳
アラビアのロレンス 改訂版◆　中野好夫

シリーズ 中国の歴史

中華の成立 唐代まで　渡辺信一郎
江南の発展 南宋まで　丸橋充拓
草原の制覇 大モンゴルまで　古松崇志
陸海の交錯 明朝の興亡　檀上寛
「中国」の形成 現代への展望　岡本隆司

シリーズ 中国近現代史

清朝と近代世界 19世紀　吉澤誠一郎

(2023.7)　◆は品切，電子書籍版あり．　(O2)

岩波新書新赤版一〇〇〇点に際して

ひとつの時代が終わったと言われて久しい。だが、その先にいかなる時代を展望するのか、私たちはその輪郭すら描きえていない。二〇世紀から持ち越した課題の多くは、未だ解決の緒を見つけることのできないままであり、二一世紀が新たに招きよせた問題も少なくない。グローバル資本主義の浸透、憎悪の連鎖、暴力の応酬——世界は混沌として深い不安の只中にある。

現代社会においては変化が常態となり、速さと新しさに絶対的な価値が与えられた。消費社会の深化と情報技術の革命は、種々の境界を無くし、人々の生活やコミュニケーションの様式を根底から変容させてきた。ライフスタイルは多様化し、一面では個人の生き方をそれぞれが選びとる時代が始まっている。同時に、新たな格差が生まれ、様々な次元での亀裂や分断が深まっている。社会や歴史に対する意識が揺らぎ、普遍的な理念に対する根本的な懐疑や、現実を変えることへの無力感がひそかに根を張りつつある。そして生きることに誰もが困難を覚える時代が到来している。

しかし、日常生活のそれぞれの場で、自由と民主主義を獲得し実践することを通じて、私たち自身がそうした閉塞を乗り超え、希望の時代の幕開けを告げてゆくことは不可能ではあるまい。そのために、いま求められていること——それは、個と個の間で開かれた対話を積み重ねながら、人間らしく生きることの条件について一人ひとりが粘り強く思考することではないか。その営みの糧となるものが、教養に外ならないと私たちは考える。歴史とは何か、よく生きるとはいかなることか、世界そして人間はどこへ向かうべきなのか——こうした根源的な問いとの格闘が、文化と知の厚みを作り出し、個人と社会を支える基盤としての教養となった。まさにそのような教養への道案内こそ、岩波新書が創刊以来、追求してきたことである。

岩波新書は、日中戦争下の一九三八年一一月に赤版として創刊された。創刊の辞は、道義の精神に則らない日本の行動を憂慮し、批判的精神と良心的行動の欠如を戒めつつ、現代人の現代的教養を刊行の目的とする、と謳っている。以後、青版、黄版、新赤版と装いを改めながら、合計二五〇〇点余りを世に問うてきた。そして、いままた新赤版が一〇〇〇点を迎えたのを機に、人間の理性と良心への信頼を再確認し、それに裏打ちされた文化を培っていく決意を込めて、新しい装丁のもとに再出発したいと思う。一冊一冊から吹き出す新風が一人でも多くの読者の許に届くこと、そして希望ある時代への想像力を豊かにかき立てることを切に願う。

（二〇〇六年四月）

渡辺信一郎

1949年生まれ．京都大学大学院文学研究科博士課程単位取得退学．専門は中国古代史，中国楽制史．
京都府立大学教授，学長を経て
現在一京都市立芸術大学日本伝統音楽研究センター所長，京都府立大学名誉教授
著書一『中国古代の楽制と国家 ── 日本雅楽の源流』（文理閣）
『中国古代の財政と国家』（汲古書院）
『中国古代の王権と天下秩序 ── 日中比較史の視点から』（校倉書房）
『中国の国家体制をどうみるか ── 伝統と近代』（共編者，汲古書院）など

中華の成立 唐代まで
シリーズ 中国の歴史①　　岩波新書（新赤版）1804

2019年11月20日 第1刷発行
2024年 9 月13日 第8刷発行

著　者　渡辺信一郎《わたなべしんいちろう》

発行者　坂本政謙

発行所　株式会社 岩波書店
〒101-8002 東京都千代田区一ツ橋 2-5-5
案内 03-5210-4000　営業部 03-5210-4111
https://www.iwanami.co.jp/

新書編集部 03-5210-4054
https://www.iwanami.co.jp/sin/

印刷・精興社　カバー・半七印刷　製本・中永製本

ISBN 978-4-00-431804-0　　Printed in Japan

索　引

サ　行

タ　行

ナ　行

ハ　行

マ 行

ヤ 行

ラ 行

略年表

主として本文の記述にもとづき作成した．西暦と中国の旧暦とは完全に一致しないので，西暦表示はめやすである．

前5000年紀	仰韶文化はじまる．
前3000年紀後半	龍山文化はじまる．
前2000年紀前半	二里頭文化はじまる．
前1600年頃	二里崗文化(殷前期)はじまる．
前1300年頃	殷後期文化(殷墟)はじまる．
前1046頃	周王朝成立．
前770	周，洛邑(洛陽)に移る．春秋時代はじまる．
前722	『春秋』の記述はじまる(～前481)．
前651	葵丘の会盟．斉の桓公覇者となる．
前632	践土の会盟．晋の文公覇者となる．
前594	はじめて魯で畝ごとに税をとる．
前551	孔子生まれる(～前479)．
前453	韓・魏・趙の三卿，晋を三分割する．戦国時代はじまる．
前403	韓・魏・趙三国，諸侯となる．
前356	秦，商鞅の第1次変法．
前350	商鞅の第2次変法，咸陽に遷都．この頃，孟子盛んに各国遊説．
前334	徐州会盟で斉国・魏国たがいに王号承認．こののち各国王号を用いる．
前288	斉国東帝を称し，秦国西帝を称す．
前260	長平の戦い．趙を大破し，秦の覇権が確立．
前256	秦，周を滅ぼす．こののち各国を滅ぼす．
前221	秦，斉を滅ぼし，天下統一．秦王，皇帝を称し，天下を36郡に分ける．

前 219	始皇帝，泰山で封禅祭祀を挙行.
前 210	始皇帝死去.
前 209	陳勝・呉広の乱．劉邦・項羽等挙兵.
前 206	秦滅亡．劉邦，漢王に封じられる(漢元年).
前 202	劉邦，皇帝に即位(高祖).
前 200	長安に遷都．高祖，平城で匈奴に大敗.
前 196	貢献制・賦制を改革する.
前 180	呂太后病死．呂氏一族が排除され，文帝即位.
前 154	呉楚七国の乱.
前 141	武帝即位.
前 127	匈奴からオルドス地方を奪回.
前 124	長安に太学を設置，博士弟子員制を実施.
前 121	河西回廊を制圧し，河西四郡を設置.
前 119	塩・鉄の専売制はじまる.
前 113	河東汾陰の后土祠で祭地郊祀はじまる.
前 112	甘泉宮泰一壇で祭天郊祀はじまる.
前 111	南越王国を滅ぼし，南海郡等を設置.
前 110	均輸平準法を本格的に施行．泰山で封禅祭祀を挙行.
前 108	朝鮮王国を滅ぼし，楽浪等四郡を設置.
前 91	衛太子の乱.
前 87	武帝病死，昭帝即位.
前 81	塩鉄会議開催.
前 74	昭帝死去．衛太子の孫劉病已即位(宣帝).
前 51	匈奴呼韓邪単于朝貢し，臣従を表明．石渠閣会議開催，儒家学説の整理.
前 46	翼奉，儒学にもとづく国制改革提案.
前 3	西王母運動．哀帝，董賢に 2000 余頃賜田.「均田制」崩壊.
5	平帝死去．翌年正月，王莽，仮皇帝となる.
8	王莽，皇帝となり，国号を新とする．前漢滅亡.
17	琅邪で呂母の乱がおこり，赤眉の乱に発展．当陽の緑林山で緑林軍おこる.

23 緑林軍系統から劉玄が台頭し，更始帝となる．長安の民衆，王莽を殺害．新滅亡．
25 劉秀，皇帝に即位し(光武帝)，洛陽に都を置く．
56 光武帝，泰山で封禅祭祀を挙行．
60 公卿会議が開催され，漢の礼制が完成する．
166 第1次党錮の禁．
169 第2次党錮の禁．
176 第3次党錮の禁．
184 黄巾の乱．
196 曹操，中原に民屯田実施．
200 曹操，官渡の戦いで袁紹を破る．華北ほぼ統一．
220 九品官人法はじまる．献帝，曹丕に禅譲し，後漢滅亡．魏が建国．
221 劉備，蜀を建国．
222 孫権，呉を建国．
263 蜀，魏の遠征軍に降伏，滅亡．
265 司馬炎，魏の禅譲を受け，帝位につく(武帝)．
268 泰始律令公布．
269 『晋礼』公布．
280 呉，晋の遠征軍に降伏，滅亡．晋，天下統一．占田・課田法，「戸調之式」公布．
300 八王の乱(～306)．
303 氐の李特，成都によって成を建国．
304 匈奴の劉淵，漢王を称して自立．五胡十六国時代はじまる．
311 劉淵の子劉聡，洛陽攻略．永嘉の乱．
315 拓跋部の猗盧，愍帝により代王に封じられる．
316 劉聡，長安の愍帝を捕らえる．西晋滅亡．
317 琅邪王司馬睿，建業で即位．東晋はじまる．
376 前秦苻堅，代国を滅ぼす．
383 淝水の戦い．前秦，東晋に敗れ，急激に衰退．
386 拓跋珪，皇帝を称し(道武帝)，北魏を建国．

471 拓跋宏即位(孝文帝).
485 北魏給田制(均田制)施行.
486 三長制施行，戸籍制度を確立.
493 南斉から王粛亡命，官品・官司・礼制を整備.
494 洛陽遷都.
495 姓族分定.
524 六鎮の反乱(～530).
534 高歓，鄴に孝静帝を擁立，東魏成立.
535 宇文泰，長安に文帝を擁立，西魏成立.
550 高洋，孝静帝の禅譲を受け，北斉を建国．西魏宇文泰，二十四軍(府兵制)をつくる.
557 宇文覚，西魏の禅譲を受け，北周を建国.
577 北周武帝，北斉を破り，華北を再統一.
581 外戚楊堅，静帝の禅譲を受け，隋を建国．開皇律令公布.
582 開皇楽議はじまる(～594).
583 改訂新律公布，『隋朝儀礼』編纂.
587 貢挙(科挙)はじまる.
589 隋の遠征軍，南朝陳を併合．天下再統一.
595 州の郷官系属吏ならびに九品官人法廃止.
605 黄河と長江をつなぐ通済渠を建造.
608 黄河から涿郡にいたる永済渠を建造.
612 3次にわたり高句麗遠征(～614).
617 李淵，太原で挙兵.
618 煬帝，江都で殺害される．李淵，隋の禅譲を受け，唐を建国(高祖).
626 李世民，玄武門の変をおこし，即位(太宗).
630 西北諸族君長，太宗に天可汗の称号をおくる.
666 高宗李治，泰山で封禅祭祀挙行.
690 武皇后，聖神皇帝と称し，周を建国.
696 金輪聖神皇帝武曌，嵩山で封禅祭祀挙行.
710 李隆基，玄武門の変をおこし，韋氏勢力を一掃.

712	李隆基，父睿宗から譲位され，即位(玄宗).
721	宇文融，括戸政策をはじめ，客戸 80 万戸を検出.
722	張説，府兵衛士 13 万人の募兵化を提案，実施．また縁辺戍兵 20 万人削減，帰農を提案.
725	玄宗，泰山で封禅祭祀挙行.
732	『大唐開元礼』完成.
737	縁辺戍兵をすべて募兵の健児とし，防人制廃止．開元 25 年律令公布.
738	『大唐六典』完成.
749	折衝府からの上番命令を停止，府兵制廃止.
755	安史の乱(〜763).

主要参考文献

本巻全体に関するもの

足立啓二『専制国家史論 ―― 中国史から世界史へ』柏書房，1998年

池田温『中国古代籍帳研究 ―― 概観・録文』東京大学出版会，1979年

尾形勇・岸本美緒編『中国史』山川出版社，1998年

浜口重国『秦漢隋唐史の研究』上下，東京大学出版会，1966年

松丸道雄・池田温・斯波義信・神田信夫・濱下武志編『世界歴史大系　中国史1 ―― 先史〜後漢』山川出版社，2003年

松丸道雄・池田温・斯波義信・神田信夫・濱下武志編『世界歴史大系　中国史2 ―― 三国〜唐』山川出版社，1996年

宮崎市定『中国史』上下，岩波書店，1977・1978年(のち岩波文庫，2015年)

渡辺信一郎『中国古代社会論』青木書店，1986年

渡辺信一郎『中国古代国家の思想構造 ―― 専制国家とイデオロギー』校倉書房，1994年

渡辺信一郎『天空の玉座 ―― 中国古代帝国の朝政と儀礼』柏書房，1996年

渡辺信一郎『中国古代の王権と天下秩序 ―― 日中比較史の視点から』校倉書房，2003年

渡辺信一郎『中国古代の財政と国家』汲古書院，2010年

渡辺信一郎『中国古代の楽制と国家 ―― 日本雅楽の源流』文理閣，2013年

第1章

伊藤道治『中国古代王朝の形成 ―― 出土資料を中心とする殷周史の研究』創文社，1975年

伊藤道治『中国古代国家の支配構造 ―― 西周封建制度と金文』中央

公論社，1987年
植田信太郎「現生人類の拡散を化石DNAから探る」『蛋白質 核酸 酵素』第45巻第16号，2000年
岡村秀典『夏王朝　王権誕生の考古学』講談社，2003年
岡村秀典『中国文明　農業と礼制の考古学』京都大学学術出版会，2008年
甲元眞之『中国新石器時代の生業と文化』中国書店，2001年
篠田謙一編『ホモ・サピエンスの誕生と拡散』洋泉社，2017年
白川静『金文の世界――殷周社会史』平凡社，1971年
銭耀鵬『中国史前城址与文明起源研究』西北大学出版社，2001年
張学海「試論山東地区的龍山文化城」『文物』1996年第12期，1996年
張光直「中国相互作用圏与文明的形成」『慶祝蘇秉琦考古五十五年論文集』文物出版社，1989年
張光直『中国青銅時代』小南一郎・間瀬收芳訳，平凡社，1989年
趙春青『鄭洛地区新石器時代聚落的演変』北京大学出版社，2001年
陳夢家『殷墟卜辞綜述』科学出版社，1956年
林巳奈夫『中国文明の誕生』吉川弘文館，1995年
松井嘉徳『周代国制の研究』汲古書院，2002年
松丸道雄「殷墟卜辞中の田猟地について――殷代国家構造研究のために」『東洋文化研究所紀要』第31冊，1963年
渡辺信一郎「中国における第一次古代帝国の形成――龍山文化期から漢代にいたる聚落形態研究から」西村成雄・渡辺信一郎編『中国の国家体制をどうみるか――伝統と近代』汲古書院，2017年

第2章

安部健夫「中国人の天下観念――政治思想史的試論」『元代史の研究』創文社，1972年
尾形勇『中国古代の「家」と国家――皇帝支配下の秩序構造』岩波

書店，1979 年
五井直弘『中国古代の城郭都市と地域支配』名著刊行会，2002 年
増淵龍夫『新版 中国古代の社会と国家』岩波書店，1996 年
山田統「天下という観念と国家の形成」(初出 1949 年)『山田統著作集一』明治書院，1981 年
楊寛『戦国史』第 2 版，上海人民出版社，1980 年(1955 年第 1 版)
吉本道雅『中国先秦史の研究』京都大学学術出版会，2005 年

第 3 章

飯田祥子「前漢後半期における郡県民支配の変化 ── 内郡・辺郡の分化から」『東洋学報』第 86 巻第 3 号，2004 年
金子修一『中国古代皇帝祭祀の研究』岩波書店，2006 年
湖南省文物考古研究所編『里耶発掘報告』岳麓書社，2007 年
陳偉編『里耶秦簡牘校釈』第 1 巻，武漢大学出版社，2012 年
西嶋定生『中国古代帝国の形成と構造 ── 二十等爵制の研究』東京大学出版会，1961 年
目黒杏子「前漢武帝期における郊祀体制の成立 ── 甘泉泰畤の分析を中心に」『史林』第 86 巻第 6 号，2003 年

第 4 章

佐原康夫『漢代都市機構の研究』汲古書院，2002 年
保科季子「前漢後半期における儒家礼制の受容 ── 漢的伝統との対立と皇帝観の変貌」歴史と方法編集委員会編『方法としての丸山眞男』青木書店，1998 年
山田勝芳『中国のユートピアと「均の理念」』汲古書院，2001 年
渡辺信一郎「伝統中国の均平秩序 ── 経済と礼楽」『中国史学』第 27 巻，2017 年

第 5 章

岡田和一郎「征服から専制へ ── 中国史上における北魏国家の形成」西村成雄・渡辺信一郎編『中国の国家体制をどうみるか

── 伝統と近代』汲古書院，2017 年
川本芳昭『魏晋南北朝時代の民族問題』汲古書院，1998 年
佐川英治「三長・均田両制の成立過程 ──『魏書』の批判的検討をつうじて」『東方学』第 97 輯，1999 年
佐川英治「北魏の編戸制と徴兵制度」『東方学報』第 81 巻第 1 号，1999 年
谷川道雄『隋唐帝国形成史論』筑摩書房，1971 年（増補版 1998 年）
張鳳「秦漢時期農業文化与遊牧文化聚落的比較研究」『考古』2011 年第 1 期，2011 年
堀敏一『均田制の研究 ── 中国古代国家の土地政策と土地所有制』岩波書店，1975 年
松下憲一『北魏胡族体制論』北海道大学大学院文学研究科研究叢書，2007 年
宮崎市定「読史箚記　三，漢代の郷制」『史林』第 21 巻第 1 号，1936 年（のち『宮崎市定全集』第 17 巻，岩波書店，1993 年に収録）
宮崎市定『九品官人法の研究 ── 科挙前史』東洋史研究会，1956 年（のち『宮崎市定全集』第 6 巻，岩波書店，1992 年に収録）

第 6 章

笠松哲「金輪王，封禅す ── 武后の君主権と封禅」『洛北史学』第 14 号，2012 年
陳寅恪『隋唐制度淵源略論稿』中華書局，1977 年（初出 1940 年）
陳寅恪『唐代政治史述論稿』上海古籍出版，1980 年（初出 1942 年）
礪波護『唐代政治社会史研究』同朋舎出版，1986 年
渡辺信一郎「古代中国の身分制的土地所有 ── 唐開元二十五年田令からの試み」『唐宋変革研究通訊』第 2 輯（2010〜2012 年度科学研究費補助金基盤研究（B）研究成果報告書），2011 年

図表出典一覧

ここに掲載していないものは著者作成．＊印は掲載にあたって変更を加えた．

図 1……図録『中国王朝の誕生』読売新聞社，1993 年
図 2……鶴間和幸監修『秦の始皇帝と兵馬俑展 ── 辺境から中華へ“帝国秦への道”』共同通信社，2000 年
図 3＊……甲元眞之（2001）
図 4＊……張学海（1996）
図 5＊……中国社会科学院考古研究所編『偃師二里頭 ── 1959 年～1978 年考古発掘報告』中国大百科全書出版社，1999 年
図 6＊……河南省文物考古研究所編『鄭州商城 ── 1953～1985 年考古発掘報告』文物出版社，2001 年
図 7……陳夢家（1956）の記述に基づき作成
図 8……白川静『金文通釈』第 48 輯，白鶴美術館，1978 年
図 10……白川静『金文通釈』第 10 輯，白鶴美術館，1965 年
図 17……湖南省文物考古研究所編（2007）
図 20……呂林編『四川漢代画像芸術選』四川美術出版社，1988 年
図 21……『和林格爾漢墓壁画』文物出版社，1978 年
図 26……『和林格爾漢墓壁画』文物出版社，1978 年
図 27＊……「河南三楊庄漢代庭院遺跡」『考古』2004 年第 7 期，2004 年
図 28＊……谷川道雄（1971）
図 29……『嘉峪関壁画墓発掘報告』文物出版社，1985 年
図 30……『北斉徐顕秀墓』文物出版社，2016 年
図 31……大槻如電『新訂舞楽図説』六合館，1927 年
表 9＊……尾形勇・岸本美緒編（1998）

iv 頁作図　前田茂実